D1699642

KLAUS-ULRICH KEUBKE/UWE POBLENZ

DIE FREIKORPS SCHILL UND LÜTZOW
IM KAMPF GEGEN NAPOLEON

Titelbild:
Die Majore Ferdinand von Schill und Adolph von Lützow als vollplastische Zinnminiaturen (90 mm hoch), modelliert von Jürgen Sieland, Wanfried, und bemalt von Erna Keubke, Schwerin.

Rückseite:
Die Wappen der Familien derer von Schill und von Lützow.

Mein Dank gilt der Stadt Ribnitz-Damgarten und dem Förderkreis der Festung Dömitz, die die Herausgabe dieses Werkes unterstützten.

Förderkreis der Festung Dömitz e.V.

Keubke, Klaus-Ulrich/Poblenz, Uwe:
Die Freikorps Schill und Lützow im Kampf gegen Napoleon
(c) 2009 by Schriften zur Geschichte Mecklenburgs
Herausgegeben von: Dr. Klaus-Ulrich Keubke,
Zum Schulacker 179, D-19061 Schwerin
Tel. 0385/613266 - Fax. 0385/613265 – e-post: keubke@t-online.de
Homepage: www.aph-schwerin.de

(Schriften zur Geschichte Mecklenburgs; Band 24)
ISBN: 978-3-00-027369-8

Gestaltung und Satz: Markus Keubke
Druck: Schipplick Winkler Printmedien

KLAUS-ULRICH KEUBKE/UWE POBLENZ

Die Freikorps Schill und Lützow im Kampf gegen Napoleon

Schriften zur Geschichte Mecklenburgs

INHALT

	Seite
Vorwort	4
1. Die Jahre bis zum Feldzug 1806	5
2. In den Kriegshandlungen der Jahre 1806/07 und danach	8
3. Von Berlin nach Stralsund - der Zug des Ferdinand von Schill, sein Ende und die Zeit bis 1813	22
4. Das Freikorps des Majors Adolph von Lützow im Befreiungskrieg 1813/14	44
5. Das weitere Schicksal des Lützower Freikorps	109
6. Erinnerungen an die Freikorps Schill und Lützow	116
Anlagen	126
- Die Offiziere des Freikorps Schill 1806/07	127
- Die Offiziere des Freikorps Schill 1809	129
- Die Offiziere des Freikorps Lützow	134
Bildnachweis	142
Literaturverzeichnis	143

Major Ferdinand v. Schill 1809.

VORWORT

Der Band 24 „Die Freikorps Schill und Lützow im Kampf gegen Napoleon" behandelt erstmals seit mehr als 100 Jahren die Geschichte des Kampfes beider preußischer Freikorps im Kampf gegen die napoleonische Fremdherrschaft. Sie wird geschlossen in Gestalt einer exakten übersichtlichen Zeittafel dargestellt. Schill und Lützow und viele ihrer Mitkämpfer bei der Verteidigung von Kolberg 1806/1807, bei dem Zug Schills von Berlin über Bernburg, Dömitz, Rostock, Ribnitz und Damgarten nach Stralsund im April/Mai 1809 und in den Befreiungskriegen 1813/1814 und 1815 sind Freunde und Waffengefährten gewesen. In beiden Freikorps kämpfte auch eine beachtliche Zahl Mecklenburger und Pommern. Einige ihrer Aktionen fanden auf dem Territorium des heutigen Mecklenburg-Vorpommern statt. An diesen Teil deutscher Militärgeschichte Anfang des 19. Jahrhunderts soll mit dem Band erinnert werden.

Zugleich werden auch Beispiele gebracht, die zeigen, wie das Andenken an Schill und Lützow und ihre Freikorps bis heute gepflegt werden, aber ihre Taten oftmals auch mißbraucht wurden.

Für die Unterstützung danken wir Herrn Gebhard-Leberecht von Blücher, Frau Irene Bunk, dem Museum Festung Dömitz und seinem Förderverein, Frau Christine Ebert, Herrn Manfred Gerth, Herrn Dirk Lehmann, der IG „Lützower Freikorps 1813" in Rosenberg mit den Herren Harald Albrecht, Heinz-Dieter Harwardt und Wolfgang Sarkander, dem Landeskommando Mecklenburg-Vorpommern mit Herrn Kapitän zur See Dietrich Sauerbrey, der Familie Poblenz, der Stadt Ribnitz-Damgarten und dem Stadtarchiv der Stadt Wesel.

Die Autoren

Major Adolph v. Lützow 1813.

1. Die Jahre bis zum Feldzug 1806

1776, *6. Januar* - Ferdinand Baptista v. Schill wird im sächsischen Wilmsdorf geboren. Der Vater, Johann Georg Schill (1736 - 1822), gehörte wahrscheinlich einem deutsch-böhmischen katholischen Geschlecht aus der Nähe von Teplitz (Böhmen) an. Seine adlige Herkunft ist zweifelhaft. Er diente als Offizier in österreichischem, dann sächsischem und schließlich preußischem Militärdienst. In Preußen wurde er nach dem bayerischen Erbfolgekrieg 1777/78 als Oberstleutnant in der Rangliste geführt. 1806 versuchte er nochmals ein Freikorps zu bilden, ebenso 1809, aber dann wieder in österreichischem Dienst. Die Mutter Ferdinand v. Schills war Margarethe Freiin von Traglau oder Traylau (gest. 1796), die Tochter des Stadtquartiermeisters von Eger mit ebenfalls zweifelhaftem Adelstitel. Ferdinand v. Schills Brüder dienten auch als Kavallerieoffiziere: Xaverius, der älteste, zeichnete sich im Husaren-Regiment Nr. 6 in den Rheinfeldzügen aus und starb 1810 als Rittmeister a. D. Ernst diente im Husaren-Regiment Nr. 3, war kränklich und starb 1812. Heinrich kämpfte in den Befreiungskriegen zunächst im Husaren-Regiment Nr. 6 und dann im Detachement des Majors v. Hellwig und schließlich als Major mit eigenem Detachement. Er starb 1845 als Oberstleutnant a. D. Alle vier Brüder hinterließen keine Söhne, so daß die Familie männlicherseits ausgestorben ist.

Das Geburtshaus Schills. Ansichtskarte um 1900.
Generalmajor Johann Adolph v. Lützow - der Vater Adolph v. Lützows.

1782, *10. Mai* - Adolph Wilhelm Ludwig von Lützow wird in Berlin geboren. Er entstammt altem mecklenburgischem Adel, der schon im 12. Jahrhundert im Land nachgewiesen ist. Sein Vater ist der preußische Generalmajor Johann Adolph von Lützow (1748 - 1818) aus der Linie Pritzier-Schwechow, seine Mutter die Friederica Wilhelmina von Lützow, geb. von Zastrow (1754 - 1815).

31. Mai - Es erfolgt die Taufe Lützows. Die Namen Wilhelm und Ludwig erhält er nach Vornamen von Verwandtschaft der Mutter. Den Rufnamen Adolph nach dem Vornamen des Vaters, der zu dieser Zeit im Dienste Preußens, genauer im Infanterie-Regiment von Möllendorff, steht. Drei Brüder des Vaters standen ebenfalls in den Diensten von König Friedrich II. von Preußen (1712 - 1786). Der Älteste bringt es sogar bis zum Flügeladjutanten des großen Königs.

1788, *17. November* - Elise Davidia Margarethe, Gräfin von Ahlefeldt-Laurwig wird auf Schloß Tranekær auf Langeland in Dänemark geboren.

1789, *14. Juli* - Mit dem Sturm auf die Bastille in Paris beginnt die bürgerliche Revolution in Frankreich.

26. August - Die französische Nationalversammlung erläßt die Deklaration der Menschen- und Bürgerrechte.

1790, *31. Oktober* - Schill beginnt seine militärische Laufbahn als Standartenjunker im preußischen Dragoner-Regiment Anspach-Bayreuth (Nr. 5), nachdem er Anfang des Monats zunächst im Husaren-Regiment von Gröling (Nr. 6) eingeschrieben war. Das Regiment lag verteilt in Pasewalk, Gartz, Ueckermünde, Treptow a. d. Toll, Gollnow, Massow, Naugard und Bahn. Schill selbst soll meist in Gartz gewesen sein.

1791, *16. April - 15. Juli* - Insbesondere während der Beteiligung seines Regiments am Aufmarsch gegen Rußland erfährt Schill seine militärische Ausbildung.

1792 - 1795 Krieg Preußens gegen Frankreich im Rahmen des 1. Koalitionskrieges (1792-1797). Teilnahme Schills in seinem Regiment unter anderem an der Kanonade von Valmy am 20. September 1792, an der erfolglosen Einschließung von Landau vom 18. September bis 27. Dezember 1793, an der siegreichen Schlacht bei Kaiserslautern am 23. Mai 1794 und an der Sicherung des Bistums Münster 1795.

1792, *17. Juni* - Beförderung Schills zum Fähnrich.

1793, *7. August* - Schill wird zum Sekondeleutnant befördert.

1795, *26. Mai* - Eintritt Lützows mit nicht ganz 13 Jahren als Gefreiterkorporal in das I. Bataillon Garde (Nr. 15a) in Potsdam. In der Literatur wird teilweise sein Eintritt in das Grenadier-Garde-Bataillon Nr. 6 genannt.

1795 - 1806 Militärdienst Schills wieder in den Garnisonen seines Regiments. Er tritt in keiner Weise aus dem Kreis seiner Offizierskameraden hervor.

1797, *16. November* - Krönung König Friedrich Wilhelms III. von Preußen (1770 - 1840).

1798, *20. Januar* - Lützow wird zum Fähnrich befördert.

1800, *10. Dezember* - Beförderung Lützows zum Sekondeleutnant.

1804, *2. Dezember* - Napoleon Bonaparte (1769 - 1821), bislang seit 1799 Erster Konsul der Französischen Republik, krönt sich in Paris in Anwesenheit des Papstes Pius VII. (1742 - 1823) zum Kaiser der Franzosen.

31. Dezember - Versetzung Lützows, der ein leidenschaftlicher und guter Reiter war, auf eigenen Wunsch zum Kürassier-Regiment von Reitzenstein (Nr. 7) mit Patent vom 6. April 1797. Er tritt seinen Dienst in der 3. Eskadron in Tangermünde an.

1805, *2. November* - Lützow wird 2. Adjutant des Generals der Kavallerie Herzog Karl August von Weimar, tritt aber 1806 zum Kürassier-Regiment Nr. 7 zurück.

2. In den Kriegshandlungen der Jahre 1806/07 und danach

1806, *5. März* - Nach dem Tode des bisherigen Regimentschefs, des Markgrafen Karl Alexander von Ansbach-Bayreuth (1736 - 1806) im Januar in London, nimmt Königin Luise von Preußen (1776 - 1810) die Chefstelle des Regiments ein. Dieser Truppenteil wird nunmehr als Dragoner-Regiment Königin geführt.

17. Juli - Gründung des Rheinbundes unter Schirmherrschaft Napoleons I.

6. August - Verzicht des Kaisers Franz II. (1768 - 1835) auf die deutsche Kaiserwürde und Ende des Heiligen Römischen Reiches Deutscher Nation. Er ist seit 1804 unter dem Namen Franz I. nur noch Kaiser von Österreich.

6. Oktober - König Friedrich Wilhelm III. von Preußen erklärt Frankreich den Krieg. Teilnahme Schills am Feldzug in Thüringen.

14. Oktober - Verheerende Niederlage der preußischen Truppen in der Doppelschlacht bei Jena und Auerstedt.

Schill als Dragoneroffizier 1806. Eine erfundene Szene, da neben ihm stehend der Generalleutnant v. Blücher gezeichnet ist.

Über das Verhalten Schills innerhalb seines Regiments Königin Dragoner, das wie die übrige preußische Kavallerie versagte, ist kaum Verbindliches bekannt. Sein Biograph Binder von Krieglstein führt in seinem 1902 erschienenen Werk in einer Fußnote den Entwurf der Rechtfertigungsschrift Schills an, in der Schill betone, *„daß er seinen Degen bei Auerstedt mit Erfolg gebraucht habe und Magdeburg wie auch Stettin trotz seiner schweren Wunde verlassen habe, um nicht in Feindeshand zu fallen"*. (S. 15) Sicher ist nur, daß Schill in einem Handgemenge durch einen Säbelhieb schwer am Kopf getroffen wird. Mit der Hilfe von Kameraden und Bürgern - genannt sind die Unteroffiziere Franz und Thessen, ein Leutnant v. Tümpling (es gab zwei im Regiment), der Chirurg Fremming und der französische Sprachlehrer Berr in Magdeburg - gelingt Schill die Flucht über Cölleda, Weißensee, Nordhausen, Magdeburg und Stettin nach Kolberg, wo er Anfang November eintrifft und im Hause des Senators Westphal aufgenommen wird und sich erholt.

Auch Lützow nimmt mit seinem Kürassier-Regiment Reitzenstein an der Schlacht bei Auerstädt teil und wird bei der Attacke der Avantgarde unter Generalleutnant Gebhard Leberecht von Blücher (1742 - 1819) verwundet. Nach der Niederlage erreicht er mit Resten der Truppe Magdeburg. Nach dem die Festung kampflos an Napoleon fällt, kauft er sich per Lösegeld frei und schlägt sich über Kopenhagen zur Festung Kolberg durch.

27. Oktober - Französische Truppen unter der Führung Napoleons I. besetzen die preußische Hauptstadt Berlin. Zwei Tage später kapituliert die Festung Stettin.

Anfang November (genauere Daten sind nicht zu ermitteln) - Schill stellt sich Oberst Ludwig Moritz v. Lucadou (1741 - 1812), dem Festungskommandanten von Kolberg, zur Verfügung, knüpft Kontakte zu Kolberger Bürgern, insbesondere zu Joachim Christian Nettelbeck (1738 - 1824), dem Repräsentanten der Bürgerschaft, und führt erste kleinere Streifzüge in die Umgebung der Festung durch, um Lebensmittel einzutreiben, Amtskassen zu sichern und umherstreifende preußische Soldaten zu gewinnen. Weder über Umfang, Höhe noch Zahl sind verläßliche Angaben überliefert.

8. November - Erster Versuch der Franzosen durch einen Oberst Mestram als Parlamentär, die Übergabe der Festung Kolberg zu erreichen. Der Kommandant lehnt ab. In der Folge wird Kolberg immer mehr in die Kämpfe einbezogen, ab Anfang März 1807 eingeschlossen und schließlich seit dem 19. Mai bis zum 2. Juli 1807 letztlich vergeblich förmlich belagert. Die Verteidigung der kleinen Ostseefestung leitet ab dem 29. April Major August Wilhelm Neidhardt von Gneisenau (1760 - 1831).

Mitte November - Schill nutzt die Tatsache, daß sich ein preußischer Offizier französischer Herkunft aufgrund eines Ediktes Kaiser Napoleons I., das allen geborenen Franzosen den Dienst in Preußen bei Todesstrafe verbietet, für eine Erkundung. Er begleitet diesen Leutnant Tabouillot als Parlamentär in die Festung Stettin. Dort wird er jedoch 14 Tage festgehalten und dann nach Gollnow zurückgesandt.

21. November - Napoleon I. erläßt in Berlin das Dekret über die Kontinentalsperre gegen Großbritannien.

7. Dezember - Schill bestreitet mit sechs Kürassieren, vier Dragonern und zehn Infanteristen ein erstes größeres Gefecht mit dem abendlichen Überfall auf das Dorf

Gültzow. Der Gegner soll aus 20 französischen Kavalleristen und 50 badischen Infanteristen bestanden haben. Schills Leute nehmen einige Gefangene und erbeuten drei Gepäckwagen, eine Anzahl Gewehre und 1 000 Taler.
Im Ergebnis dieses Gefechts wird Schill mit dem Orden pour le mérite ausgezeichnet. Vor allem erteilt ihm Oberst v. Lucadou die Erlaubnis zur Errichtung einer Freischar aus entkommenen und ranzionierten preußischen Soldaten. Mit zunächst 40 der noch am besten ausgerüsteten Reiter unternimmt Schill erfolgreiche Streifzüge nach Greifenberg und an die Rega.

21. Dezember - Oberst v. Lucadou beordert Schill nach Kolberg zurück, weil es Klagen über Unordnungen und Ausschreitungen durch dessen Truppe oder durch Leute, die angaben, unter seinem Befehl zu stehen, aus der Bevölkerung gegeben hatte. Schill selbst sieht den Grund für die Rückberufung im Mißtrauen Lucadous gegen seine Neuformationen.

26. Dezember - Schill wird zum Premierleutnant befördert.

1807, *5./6. Januar* - Erfolgloser Angriff von knapp 500 Mann der Besatzung Kolbergs, darunter 80 Schillsche Reiter (allerdings ohne Schill, der krank war) unter Hauptmann Carl Wilhelm Friedrich Ernst v. Waldenfels, interimistischer 2. Kommandant

Kolberg zur Zeit der Belagerung 1807: 1 Marienkirche, 2 Rathaus, 3 Wolfsbergschanze, 4 frz. Lager, 5 Grabstätte General Theuliés, 6 Hohenbergschanze, 7 Maikuhle, 8 Münder Hafen, 9 Salinenwerk, 10 Stadtwald, 11 schwed. Fregatte, 12 engl. Fregatte.

von Kolberg, auf Befehl des Obersten v. Lucadou auf Wollin und das dort befindliche I. Bataillon des 2. französischen leichten Regiments in Stärke von nur 250 Mann. Der Angriff erfolgt wenig abgestimmt und wird von den Franzosen bei geringen eigenen und unter hohen preußischen Verlusten abgewiesen. Schill muß seine Eskadron neu aufstellen.

12. Januar - Von diesem Tag soll die A.K.O. des Friedrich Wilhelms III. an Schill über die Bildung eines Freikorps datieren. Die Angaben in der Literatur sind widersprüchlich, die Order selbst war um 1900 im preußischen Kriegsarchiv nicht mehr aufzufinden. Nach Binder von Krieglstein (S. 43) geht erst am 20. Januar 1807 bei Oberst v. Lucadou die betreffende Order ein.

16. Januar - Von diesem Tag datiert der erste, im preußischen Kriegsarchiv erhalten gebliebene Brief Schills an den preußischen König, in dem er sich für die Verleihung des Ordens pour le mérite bedankt.

17. Januar - In einem weiteren, dieses Mal umfangreichen Brief an den König teilt Schill u. a. mit, *„ohne den geringsten Kostenaufwand 2 Esquadrones gesammelt zu haben, welche complet mit Allem, was zur Bewaffnung und Equipirung gehört, und zwar mit feindlichem Eigenthum versehen sind, und aus Ranzionirten vom Regiment Ihrer Majestät der Königin und Regiments Blücher-Husaren bestehen."* Er fährt fort: *„Es sind ferner hundert Mann Ranzionirte, wenn auch noch nicht bewaffnet, hier gesammelt, und werden hoffentlich auch bald mit dem Nöthigen ... versehen sein."* Dann teilt er mit: *„Desgleichen habe ich im Angesicht des Feindes ... 8 Kanonen aufgetrieben"* und es hat sich der *„äußerst ausgezeichnete Forstmeister Otto erbothen, eine Compagnie Jäger zu Fuß, mit allen dazu gehörigen Büchsen, ..., zu organisiren ...".* (Zit. nach: Binder von Krieglstein, S. 40 f.)
In Arnswalde wird Divisionsgeneral Claude Victor-Perrin (1764 - 1841), bislang Chef des Generalstabes des V. Armeekorps, von Einwohnern und entkommenen preußischen Soldaten mit seinem Adjutanten gefangengenommen, nach Kolberg gebracht und schließlich am 25. April gegen Generalleutnant v. Blücher nahe Liebstadt in Ostpreußen ausgewechselt. Die Gefangennahme Victors wird oftmals fälschlich den Schillschen Truppen zugeschrieben

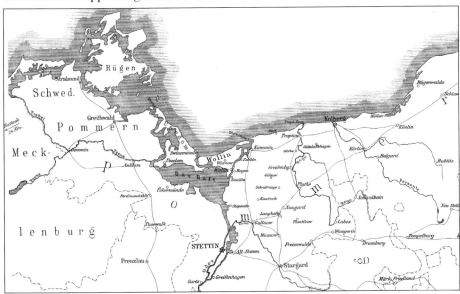

Die Umgebung Kolbergs 1806/07.

Januar - In dieser Zeit muß Lützow zum Premierleutnant befördert worden sein.

7./8. Februar - In der Schlacht bei Preußisch-Eylau hält eine russisch-preußische Armee den Truppen Kaiser Napoleons I. stand.

11. Februar - Schill meldet nachfolgende Kriegsgliederung und Stärkenachweisung seines mehr als 1 400 Mann starken Korps an den König:

I. Infanterie
1. Komp.	1 Offizier	14 Unteroffiziere	10 Schützen	140 Gemeine
2. Komp.	1 Offizier	14 Unteroffiziere	10 Schützen	140 Gemeine
3. Komp.	1 Offizier	13 Unteroffiziere	10 Schützen	140 Gemeine
4. Komp.	1 Offizier	12 Unteroffiziere	10 Schützen	140 Gemeine
5. Komp.	1 Offizier	6 Unteroffiziere	10 Schützen	140 Gemeine
	5 Offiziere	59 Unteroffiziere	50 Schützen	700 Gemeine

(1. Komp. Kapitain v. Arenstorff, 2. Komp. Lt. v. Petersdorff, 3. Komp. Lt. v. Gruben I, 4. Komp. Lt. v. Eggers und 5. Komp. Lt. v. Falkenhayn)

II. Jäger
Forstmeister Otto	1 Offizier	7 Oberjäger	85 Jäger
Reit. Feldjäger Fischer		5 Oberjäger	50 Jäger
	1 Offizier	12 Oberjäger	135 Jäger

III. Kavallerie
Drag.-Esk. Lt. v. Diezelsky	2 Offiziere	13 Unteroffiziere	96 Gemeine	111 Pferde
Drag.-Esk. Lt. v. Lützow	2 Offiziere	16 Unteroffiziere	96 Gemeine	111 Pferde
Drag.-Esk. vakant			30 Gemeine	30 Pferde
Hus.-Esk. Lt. v. Elderhorst	1 Offizier	12 Unteroffiziere	108 Gemeine	124 Pferde
Hus.-Esk. Lt. v. Brünnow	1 Offizier	8 Unteroffiziere	69 Gemeine	105 Pferde
	6 Offiziere	49 Unteroffiziere	399 Gemeine	481 Pferde

IV. Artillerie
Lt. Fabe, fünf Unteroffiziere und Feuerwerker, 37 Kanoniere, acht Knechte, zwölf Pferde, vier 3-Pfünder, ein 1-Pfünder, ein Batterie-Patronen-Wagen

13. Februar - Beförderung Schills unter Auslassung des Ranges eines Stabsrittmeisters zum wirklichen Rittmeister von der Armee. Diese Beförderung erfolgte auf Vorschlag des Obersten v. Lucadou vom 7. Februar. Schill erhält die entsprechende Nachricht um den 16./17. Februar.

14. Februar - Auf einem Streifzug in Richtung Greifenhagen gelingt es Sekondeleutnant v. Diezelsky beinahe, in Alt-Damm den französischen Brigadegeneral Pierre Thouvenot (1757 - 1817), Gouverneur von Stettin, gefangenzunehmen.

15./16. Februar - Schill bricht mit einem schwachen Bataillon Infanterie, drei Eskadronen Kavallerie und den 3-Pfündern von Naugard in einem Nachtmarsch gegen Stargard auf. Er wird vorzeitig entdeckt, so daß der improvisierte Sturm unter Verlust von mindestens fünf Toten und 25 Verwundeten scheitert. Unter den Verwundeten ist auch Lützow (Schuß in das linke Fußgelenk), der dadurch nicht mehr an der Verteidigung Kolbergs teilnehmen kann. In einem Bericht an den König vom 21. Februar sucht Schill, seine Schlappe zu verschleiern.

17. Februar - Der König läßt Schill freie Hand für die Organisation seines Korps und die Unternehmungen und schließt sein Schreiben: *„Ihr habt bisher Euer Korps mit so vieler Klugheit und Vorsicht geführt, daß ich dasselbe gern Eurer Disposition überlasse und dem Gouvernement zu Kolberg nur die Oberaufsicht über dasselbe verbleibt."*
Teilen der französischen Truppen des Divisionsgenerals Pietro Teuliè (1763 - 1807), der mit der Einnahme Kolbergs beauftragt ist, gelingt es, von Stargard kommend die Schillschen Truppen in Naugard überraschend anzugreifen. Ungeachtet von Verlusten in Höhe von wohl 16 Toten und 40 Verwundeten kann sich Schill zunächst behaupten. Er selbst wird durch einen Schuß in den rechten Arm verwundet. In der Nacht zum 18. schickt er aufgrund von Überanstrengung und Munitionsmangel einen Teil seiner Truppe nach Greifenberg zurück. Etwa 100 Mann mit zwei 3-Pfündern bleiben unter Leutnant Fabe zurück, um Naugard zu halten.

18. Februar - Die fehlerhafte Entscheidung Schills, Naugard zu behaupten, scheitern bereits nach einem Angriff der Franzosen gegen 7 Uhr mit überlegener Infanterie und Artillerie. Die Angaben über Verluste auf beiden Seiten schwanken erheblich. Leutnant Fabe wird gefangen, mißhandelt und ausgeplündert, kann später fliehen und gelangt am 29. März wieder nach Kolberg. Überliefert ist jedoch, daß die Franzosen unter den Schanzarbeitern, meist Bauern, aber auch Frauen und Kinder, ein Blutbad angerichtet hatten.

Joachim Nettelbeck unter den Soldaten Schills.

6. März - Die Zeit bis zu diesem Tag nutzt Schill, um sein hart mitgenommenes Korps, das 252 Mann und 100 Pferde eingebüßt hatte, wieder zu ergänzen, zu bekleiden und zu bewaffnen, zumeist mit eingetroffenen schwedischen Gewehren.

7. März - Schill verläßt Kolberg mit einem Schiff, um in Königsberg Verstärkungen zu erbitten und König Friedrich Wilhelm III. für eine Offensive mit Schweden zu gewinnen. Die Wetterverhältnisse bringen Schill jedoch nach Stralsund, wo er auf eigene Faust mit schwedischen Generalen verhandelt.

9. März - Oberst v. Lucadou schickt die Schillsche Kavallerie, drei Vorposten-Eskadrons auf dem rechten Persanteufer unter Leutnant v. Brünnow, aus der Festung nach Köslin. An den König schreibt v. Lucador diesbezüglich am 17. März: *„Die Kavallerie des v. Schillschen Korps habe ich vor der Einschließung der Festung, weil es an Furage gebrach, weggeschickt, um während der Blockade im Rücken des Feindes zu agieren."* (Zit. nach: Urkundliche Beiträge und Forschungen zur Geschichte des Preußischen Heeres. Herausgegeben vom Großen Generalstabe, Kriegsgeschichtliche Abteilung II. Kolberg 1806/07, Berlin 1911, 59.)

17. März - Schill trifft wieder in Kolberg ein und ist verärgert, seine Kavallerie nicht mehr vorzufinden.

19. März - Gefecht bei Sellnow. In einem zunächst wechselseitig verlaufenden Gefecht geht das Gebiet um den Ort und die gleichnamige Schanze letztlich verloren und der von den Franzosen um die Festung gezogene Kreis verengt sich. Der größte Teil der Schillschen Infanterie zieht sich nach der Maikuhle zurück und beginnt mit deren Befestigung.
Als Schill am Nachmittag Oberst v. Lucadou um Verstärkungen für einen Gegenangriff bittet und dieser sie ablehnt, kommt es zu einer offenen Auseinandersetzung, in dessen Ergebnis Lucadou Schill in Arrest setzt.

20. März - Auf Befehl des Obersten v. Lucadou unternimmt Leutnant v. Blankenburg mit 40 Freiwilligen bei Dunkelheit einen erfolgreichen Überfall auf einen französischen Posten. Dessen Angehörige werden getötet, 16 abgedrängte Reiter gefangengenommen. Blankenburg erhält für die Aktion den Orden pour le mérite.

21. März - Gegen Mittag wird Schill aus dem Arrest entlassen. Die Festsetzung Schills hatte das Verhältnis der Kolberger Bevölkerung zum Festungskommandanten weiter verschlechtert. Schill selbst hatte sich in einem Brief direkt an den König gewandt, um sein Verhalten zu rechtfertigen und Lucadou, ihn scheinbar in Schutz nehmend, zu diskreditieren. So schreibt er: *„...bei allem diesen bin ich indeß der Wahrheit schuldig, daß der Herr Obrist von Lucadou ein guter Mann ist, er ist indeß hoch in die 60, sein Alter, seine Schwäche verhindert ihm ...".* (Zit. nach: Binder von Krieglstein, S. 70)

25. März - Divisionsgeneral Teuliè wird im Kommando durch Divisionsgeneral Louis Henri Loison (1771 - 1816) ersetzt.

26./27. März - Schill, der seine drei Eskadronen unter Leutnant v. Brünnow nach Kolberg zurückbefohlen hatte, vermag mit wenigen Truppen die Belagerer so hinzuhalten, daß seine Kavalleristen in der Nacht die französischen Vorposten durchreiten und morgens um 4 Uhr in der Festung eintreffen konnten.

10. April - Major August Wilhelm Neidhardt von Gneisenau wird von König Friedrich Wilhelm III. zum Kommandanten von Kolberg ernannt, Oberst von Lucadou davon sogleich unterrichtet und ihm am 9. Mai der Charakter als Generalmajor verliehen.

12. April - Gewaltsame Aufklärung Schillscher Truppen unter Leutnant v. Gruben I von der Maikuhle aus gegen das Kolberger Deep. Die eineinhalb Kompanien Infanterie, 20 Jäger, die Eskadron Elderhorst unter Leutnant v. Wedel und drei 3-Pfünder rücken in Richtung Sellnow vor. Die Leitung dieses Gefechts und sich anschließender Kämpfe, bei denen bis auf Sellnow alle Gewinne des Gegners vom 19. März aufgehoben werden, hat Schill selbst inne. Am Abend des Tages, nach anderen Angaben am Morgen des 13. April bricht Schill per Schiff auf, um sich nach Stockholm zum schwedischen König Gustav IV. Adolf (1778 - 1837) zu begeben.

13. April - Anfang Mai - Das Wirken Schills in dieser Zeit ist mehr als ungenau überliefert. Er trifft sich mit den schwedischen Generalen v. Armfelt und v. Essen in Anklam, gelangt dann schließlich nach Malmö (seine Tätigkeit dort ist noch unklarer, denn die wirklichen Verhandlungen mit den Schweden führt der von König Friedrich Wilhelm III. abgesandte Major v. Hünerbein), um am 1. Mai in Stralsund und letztlich einige Tage später wieder in Kolberg einzutreffen.

August Wilhelm Neidhardt von Gneisenau (1760 - 1831) in späteren Jahren.
So sind Gneisenau, Nettelbeck und Schill nie in Kolberg zusammengekommen.

21. April - Für seine Verdienste im Gefecht bei Stargard am 16. Februar erhält Lützow den Orden pour le mérite. Diesen Verdienstorden bekommen mit gleicher A.K.O. des Königs die Leutnants v. Brünnow und v. Diezelsky sowie beide v. Wedel.

29. April - Major von Gneisenau trifft in Kolberg ein.

5. und 12. Mai - Die Kavallerie Schills wird auf Befehl des Königs vom 21. April mit gemieteten Schiffen von Kolberg nach Stralsund verlegt, um in Vorpommern mit schwedischen, englischen und preußischen Truppen Unternehmungen durchzuführen. Schill verläßt mit dem letzten Transport Kolberg, um während der Belagerung nicht mehr zurückzukehren. Die Führung seines Korps übernimmt Leutnant v. Gruben I. Es umfaßt Mitte Mai das I. und II. Bataillon Infanterie mit acht bzw. zwei Offizieren und 625 bzw. 130 Mann, eine Jägerkompanie mit drei Offizieren und 114 Mann und eine Eskadron Kavallerie mit drei Offizieren, 138 Mann und 138 Pferden sowie etwas Artillerie. Gneisenau hat Mühe, das Korps wieder zu disziplinieren. Schill, mit seinen drei Eskadronen Generalleutnant v. Blücher unterstellt, kann noch eine vierte Eskadron, eine Abteilung Reitender Jäger und zwei Kompanien leichte Infanterie errichten, kommt jedoch mit ihnen nicht mehr zum Einsatz.

15. Mai - In einem Bericht an den Generaladjutanten v. Kleist urteilt Gneisenau über Schill und sein Freikorps mit scharfer Kritik: *„Das Schillsche Corps wollte sich von den Banden der Disziplin los machen, und sogar verständige Offiziere desselben stellten den Grundsatz auf, daß der hiesige Kommandant selbige nicht in Arrest setzen könne. ... Überhaupt aber hat dieses Corps das nicht geleistet, was das Gerücht davon erzählt. ... Uebrigens ist Schill äußerst brav, nur glaube ich nimmermehr, daß er die Talente des Anführers eines großen Corps habe. Sein Ideengang ist springend, ohne irgendetwas zu ergründen. ... Seine Offiziere gehen in abenteuerlichen Trachten einher. Man sieht da Baschkiren und Samojeden. Der eine hat eine Samojede mit türkischen Frauenzimmer-Hosen an, ein indisches buntes Tuch lose um den Hals, und eine Tartaren-Mütze mit Todtenkopf auf dem Haupte. Ein anderer, einer der nüchternsten, trug einen Mantel mit einem Kragen, biß unter die Ellbogen, der mit blechernen Todtenköpfen ringsum verbrämt war. ... Im betreff der ökonomischen Angelegenheiten dieses Corps herrscht noch immer Verwirrung."* Nochmals zu Schill endet Gneisenau so: *„Der Befehlshaber desselben wird, unter einen General von Einsicht und Charakterstärke gestellt, als Parteigänger schöne Dinge verrichten, und der Ruf seines Nahmens bei einem Vordringen zwischen der Oder und der Elbe viele Combattanten um ihn her versammeln ... Indessen möchte ich auch nicht als Verkleinerer des Verdienstes erscheinen...".* (Zit. nach: Binder von Krieglstein, S. 96 f.)

19. Mai - Die französischen Truppen und ihre Verbündeten unter General Loison leiten die förmliche Belagerung Kolbergs ein. Vom Schillschen Korps liegt die Eskadron v. Wedel in der Münde, die Infanterie und die Jäger liegen in der Maikuhle und halten den Südrand des Gradierwerkes besetzt.

24. Mai - Leutnant v. Wedel greift mit seiner Eskadron zwischen Prettmin und Spie erfolgreich holländische Husaren an.

9. Juni - In Kolberg trifft die Nachricht von der Kapitulation der Festung Danzig am 24. Mai ein. Zwei Tage später, am 11. Juni, fällt die Schanze Wolfsberg an die Belagerer. Sie kann am 15. Juni kurzzeitig zurückgewonnen werden, muß dann - zwar in großen Teilen zerstört - wieder den Belagerern überlassen werden. In dem Kampf fällt Hauptmann v. Waldenfels an der Spitze seines Grenadier-Bataillons.

12. Juni - Divisionsgeneral Teuliè verliert beim Besuch schanzender Soldaten in vorderster Linie durch eine Kanonenkugel ein Bein und stirbt sechs Tage später.

*Hauptmann Carl Wilhelm Friedrich Ernst
v. Waldenfels und die Wolfsbergschanze.*

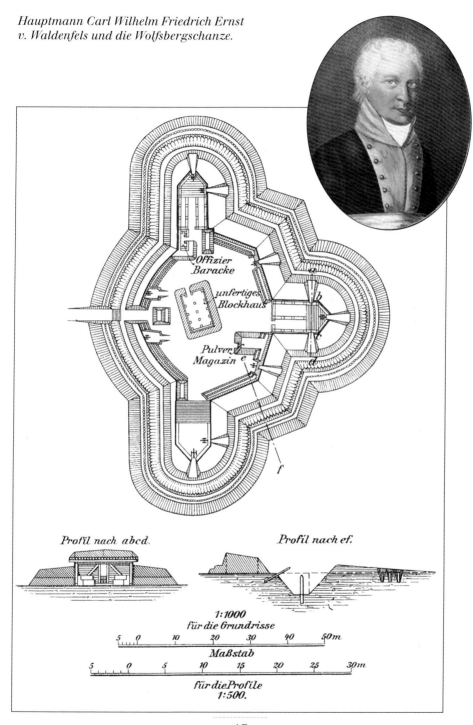

14. Juni - Mit der Niederlage der russischen Armee in der Schlacht bei Friedland zeichnet sich das Ende des 4. Koalitionskrieges (1806/07) ab.

25. Juni - Beginn der Friedensverhandlungen zu Tilsit.

30. Juni - Beförderung Schills zum Major.

1. Juli - Früh um 3 Uhr beginnen die Belagerer mit der Beschießung von Festung und Stadt Kolberg einen umfassenden Angriff. Insbesondere erzielen sie mit der Einnahme der von etwa 500 Mann Schillscher Infanterie besetzten Maikuhle einen wichtigen Erfolg, können aber den Übergang über die Persante nicht erzwingen. Leutnant v. Gruben II wird bei dem Versuch, die wichtige Stellung wieder einzunehmen, tödlich verwundet. Ein enttäuschter und wütender Gneisenau schreibt über deren Verhalten: *„Ich hatte die grausame Demüthigung, daß ein Posten, der mit soviel Kosten verschanzt worden war, und wo man sich begraben lassen wollte, in wenigen Minuten mit allen Geschützen verloren ging."* (Zit. nach: Binder von Krieglstein, S. 99)

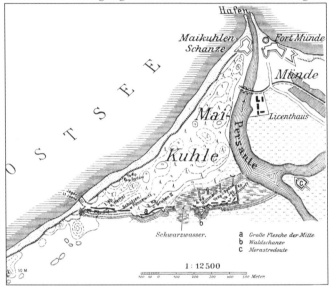

2. Juli - Der nunmehr bekannt gewordene Waffenstillstand läßt die Verteidigung und Behauptung der Festung Kolberg endgültig zu einem der wenigen Erfolge der preußischen Armee in dem Krieg 1806/07 werden. Er ist dem Wirken der Kommandanten Oberst von Lucadou und Major von Gneisenau und ihrer Truppen letztlich auch einschließlich des Schillschen Freikorps sowie der Mithilfe und dem Ausharren der Kolberger Bürger unter ihrem Repräsentanten Joachim Nettelbeck zu verdanken.

9. Juli - Abschluß des Friedens zu Tilsit zwischen Preußen und Frankreich. Preußen verliert sämtliche Territorien westlich der Elbe und die von ihm annektierten Gebiete Polens, insgesamt die Hälfte seines Besitzstandes. Die Höhe der Kriegskontributionen wird am 9. August 1808 in Paris auf 140 Millionen Taler festgelegt und die Stärke der preußischen Armee auf 42 000 Mann beschränkt. Frankreich darf sieben Militärstraßen in Preußen benutzen. Die Festungen Glogau, Kustrin und Stettin mit 10 000 Mann Besatzung bleiben in französischer Hand.

16. September - Beförderung Lützows zum Stabsrittmeister und dann Übernahme der 2. Eskadron im 2. Brandenburgischen Husaren-Regiment.

9. Oktober - Der vom preußischen König zum leitenden Minister berufene Karl Reichsfreiherr vom und zum Stein (1757 - 1831) beginnt die bürgerlichen Reformen mit dem Edikt der Bauernbefreiung und des freien Umgangs mit Grundeigentum.

19. Oktober - Gemäß A.K.O. wird das „Schillsche Kavallerie Regiment." formiert.

15. November - Konstituierung des Königreiches Westfalen durch Deklaration einer bürgerliche Verfassung mit frühliberalen Grundrechten.

November - Schill unterzeichnet nicht nur eine durch den Stabskapitain v. Petersdorff erarbeitete Dienstanweisung für seine Infanterie, sondern fügt ihr durchaus eigene Gedanken hinzu. Dazu gehören die Einführung eines *„Geschwindtritt[s]"* mit bis zu 200 Schritt in der Minute, um die Fortbewegung zu beschleunigen, sowie für den leichten Infanteristen die Anregungen zum Tanzen, Fechten, Springen, Laufen und vor allem *„ganz vorzüglich oft im Schießen nach der Scheibe"*.

Dezember - Erstes Zusammentreffen Lützows in Treptow an der Rega mit Ludwig v. Vincke (1774 - 1844), der einer der engsten Mitarbeiter und Berater Steins war. Beginnende Reorganisation der aus drei schwachen Bataillonen bestehenden Infanterie des Schillschen Freikorps durch die Bildung des „v. Schillschen Leichten Infanterie-Bataillons". Nach Binder von Krieglstein wird die *„buntscheckige Reiterei Schills auf 4 Schwadronen gesetzt, zum Theil Husaren, zum Theil Dragoner, zum Theil reitende Jäger, die überschießenden Mannschaften wurden entlassen"*. (S. 111) Die Artillerie wird in die Brandenburgische Artilleriebrigade eingereiht.

Erinnerungsblatt an die Belagerung von Kolberg 1807.

1808, *17. April* - In einer von Schill diktierten ausführlichen Instruktion erhält der Führer seiner Reitenden Jäger, Sekondeleutnant v. Blankenburg, genaue Anweisungen für die Ausbildung in der von ihm befehligten Truppe.

2. Mai - Der Volksaufstand in Madrid gegen die napoleonische Okkupationsarmee entfacht den langjährigen Unabhängigkeitskampf der Spanier gegen die Herrschaft Frankreichs.

10. Mai - Ein Brief des Königs Friedrich Wilhelm III. an den General der Kavallerie v. Blücher belegt, daß Schill im Frühjahr in Königsberg von ihm und von Königin Luise empfangen worden ist.

Frühjahr - Schill lehnt Bitten ab, dem „Tugendbundes", einer patriotischen Vereinigung, deren Mitglieder reformerischen, aber auch konservativen Ideen anhängen, beizutreten.

7. Juni - Bildung des 1. Brandenburgischen Infanterie-Regiments (seit dem 14. September Infanterie-Regiment Nr. 9 bzw. Leib-Infanterie-Regiment).

1. Juli - Das „Schillsche Kav. Regt." erhält die Bezeichnung „Husaren-Bataillon v. Schill".

Sommer - Österreich rüstet zum Krieg gegen Frankreich, den die preußischen Reformer durch Kriegsteilnahme der Armee, zudem durch Volkserhebungen in Preußen und den rheinbündischen Territorien Norddeutschlands, unterstützen wollen. König Friedrich Wilhelm III. lehnt das ab.

Schill und Königin Luise von Preußen.

24. August - Lützow, der sich auf eine Anstellung als Oberförster vorbereitet, wird vom preußischen König der Charakter als Major verliehen und der Abschied bewilligt. Diesen hatte er aufgrund der schweren Verwundung und der schlechten Heilung beantragt. Der König richtet sein Schreiben an den Rittmeister v. Lützow, so daß dieser nach seiner Beförderung zum Stabsrittmeister am 16. September 1807 inzwischen wirklicher Rittmeister geworden sein muß.

7. September - Mit A.K.O. wird aus dem „Husaren-Bataillon v. Schill" das „2. Brandenburgische Husaren-Regiment" formiert und dieses am 20. September mit dem Zusatz „v. Schill" versehen. Des weiteren wird das „von Schillsche Leichte Infanterie-Bataillon" dem Leib-Infanterie-Regiment zugeteilt. Es bleibt weiter Schill unterstellt, damit dieser im Fall eines Krieges eine aktionsfähige Truppe zur Hand hat.

8. September - Preußen bindet sich durch den Pariser Vertrag an Frankreich.

27. September - 14. Oktober - Fürstenkongreß in Erfurt. Kaiser Napoleon I. und Zar Alexander I. stecken ihre Interessen ab. In der Hauptsache geht es um die französische Kontinentalsperre gegen England und die Einbindung Rußlands.

Oktober - Reise Lützows nach Kassel zu Oberst Wilhelm v. Dörnberg (früher u. a. auch preuß. Offizier;1768 - 1850; 1813 Generalmajor). Dieser bereitet im ehemaligen Kurfürstentum Hessen einen Aufstand vor. Lützow hatte ursprünglich eine Anstellung in der Forstwirtschaft geplant, aber die allgemeine politische Entwicklung und vor allem der Einfluß der preußischen Reformer um Generalmajor Gerhard Johann David v. Scharnhorst (1755 - 1813) und eine weitere Begegnung mit Vincke bringen ihn dazu, seine Pläne zu ändern. Lützow stellt sich zur Vorbereitung eines Volksaufstandes zur Verfügung. In der Folge unternimmt er zwei Reisen nach Ostfriesland, um auch dort einen Aufstand vorzubereiten.

Herbst - Schill verkehrt in der Familie des Generals der Infanterie Ernst v. Rüchel (1754 - 1823) auf dessen Gut Haseleu in Pommern und verlobt sich mit der damals 17jährigen Elise v. Rüchel, einer der beiden Töchter aus zweiter Ehe des Generals. Nach dem Tode Schills und auf Drängen der Eltern heiratet sie am 17. Februar 1811 einen Rittmeister v. Flemming, stirbt aber bereits am 1. November 1817.

24. November - Infolge einer Denunziation gegen die preußisch-nationale Widerstandsbewegung erzwingt Napoleon I. die Entlassung Steins aus dem Ministeramt sowie am 16. Dezember seine Ächtung als Feind Frankreichs und des Rheinbundes.

3. Dezember - Räumung Berlins von napoleonischen Truppen.

10. Dezember - Rückkehr preußischer Truppen nach Berlin. Dabei ist auch das „2. Brandenburgische Husarenregiment" unter dem Kommando Schills.

27. Dezember - Die Stadt Berlin stiftet Schill einen goldenen Ehrensäbel. Auf der Klinge befindet sich die Inschrift „Dem Retter Colbergs, Berlin, 27. Dezember 1808".

Ende Dezember - Schill gelingt, es zur Verbesserung der Disziplin unter seinen Offizieren ein „Ehrentribunal", eine Art Ehrengericht, einzuführen.

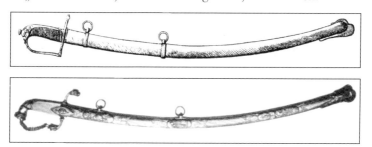

Der von Schill in Kolberg getragene Säbel (oben) und der von Berlin ihm gestiftete Ehrensäbel.

3. Von Berlin nach Stralsund - der Zug des Ferdinand von Schill, sein Ende und die Zeit bis 1813

1809, *2. Februar* - Oberstleutnant v. Gneisenau rät in einem Brief aus Königsberg Schill zur Geduld und warnt vor falschen Freunden, ohne ihm aber die Hoffnung auf eine bessere Zukunft zu nehmen.

Brustbild Schills mit Wappen.

21. Februar - Die spanische Stadt Saragossa ergibt sich nach dreimaliger Belagerung sowie dem Verlust von 54 000 Verteidigern und Bewohnern den napoleonischen Truppen.

13. März - Durch einen Staatsstreich in Schweden wird der antifranzösisch eingestellte König Gustav IV. Adolf gestürzt. Unter König Karl XIII. (1748 - 1818) erfolgt der Wechsel in der Außenpolitik zum Bündnis mit Frankreich.

2. - 6. April - Aufstandsversuch des ehemals preußischen Offiziers Friedrich v. Katte (1770 - 1836) in Absprache mit Schill in den elbischen Gebieten des Königreiches Westfalen. Das unmittelbare Ziel, die französisch besetzte Festung Magdeburg im Handstreich einzunehmen, scheitert bereits am 3. April. Die Ursache mag in Abstimmungsproblemen oder gar in Verrat gelegen haben. Die Erschießung von zehn Aufständischen ist nachgewiesen.

9. April - Kriegserklärung Österreichs an Frankreich und Vormarsch seiner Truppen in das rheinbündische Bayern und damit Beginn des 5. Koalitionskrieges.

11. April - Beginn der Volkserhebung in Tirol unter der Führung von Andreas Hofer (1767 - 1810) gegen die bayrisch-napoleonische Herrschaft. Die Erhebung scheitert; Andreas Hofer wird am 20. Februar 1810 in Mantua erschossen.

22. April - Napoleon siegt in der Schlacht bei Eggmühl und zwingt Österreichs Truppen zum Rückzug.

22. - 24. April - Mißlingen des Aufstandes unter Führung des Obersten Wilhelm v. Dörnberg im Königreich Westfalen. Der Plan, König Jérôme von Westfalen (1784 - 1860; jüngster Bruder Kaiser Napoleons I.), in Kassel auszuheben und gleichzeitig die Bevölkerung der Umgebung zum Aufstand zu bringen, scheitert ungeachtet der Tatsache, daß etwa 4 000 bis 8 000 Bauern zusammengeströmt waren.

25. April - Der König erteilt Schill und den ihn unterstützenden Stadtkommandanten von Berlin, Major Ludwig von Chasôt (1763 - 1813), den Befehl, *„augenblicklich nach Königsberg abzugehen"*, um unerwünschte Aktionen beider, vor allem Schills zu verhindern. Der Befehl erreicht Schill nicht mehr.

27. April - Schill soll ein langes Schreiben aus Königsberg erhalten haben, das die Aufforderung enthielt *„der König schwankt, Schill, ziehen Sie mit Gott!"*. Nach Georg Bärsch stammt sie vom Geheimrat Friedrich Ribbentrop (1768 - 1841; 1823 geadelt), damals General-Kriegs-Kommissar im Militär-Ökonomie-Departement. Schill berät mit Bärsch und Lützow die Lage; sie beschließen, am nächsten Tag mit dem Regiment Berlin zu verlassen.

28. April - Schill rückt um 16 Uhr mit seinem Regiment, etwa 500 Husaren und Jäger, von Berlin aus dem Halleschen Tor zu einer Nachtübung in Richtung Potsdam aus. Nach den Aufzeichnungen des Wachtmeisters und Regimentsschreibers Karl Friedrich Wilhelm Reyer (1786 - 1857; 1828 geadelt; zuletzt ab 1850 Chef des Generalstabes der Armee; 1855 General der Kavallerie) ist das Regiment mit zwei Eskadronen und den Reitenden Jägern beim Brandenburger Tor ausgerückt. Dieser Teil des Regiments zieht entlang der Stadtmauer zum Halleschen Tor, vereinigt sich dort gegen 18 Uhr mit dem Rest des Truppenteils und marschiert dann in Richtung Steglitz. Bei beginnender Dunkelheit und einsetzendem Regen wendet sich Schill an sein Regiment - wohl eskadronsweise, um verständlich zu sein - und gibt seine Absichten bekannt. Über seine Worte, seine Ziele und auch eventuelle Legitimationen von höherer Stelle gibt es die unterschiedlichsten Mutmaßungen. Eine endgültige Klärung ist nicht mehr möglich.

29. April - Lützow erfährt vom Ausmarsch der Schillschen Husaren und beschließt, obwohl immer noch am Stock gehend, mit seinem jüngeren Bruder Leopold (1786 - 1844; Premierleutnant im General-Quartiermeisterstab) dem Regiment zu folgen. In Großkreutz überbringt Major v. Zepelin Schill den Befehl des Gouverneurs von Berlin, Generalleutnant v. L'Estocq (1738 - 1815), unverzüglich nach Berlin zurückzukehren. Schill lehnt ab.

30. April - Lützow erreicht in Baumgartenbrück nahe Potsdam das Biwak Schills. Er übernimmt seine alte 2. Eskadron, da der derzeitige Chef, ein Major Gustav v. Blücher (1770 - 1854; Neffe des Generals der Kavallerie v. Blücher), abwesend war.

1. Mai - Den königlichen Befehl zur Rückkehr mißachtend, verlassen die Schillschen bei Wittenberg preußisches Gebiet. Die Eroberung der sächsischen Stadt mit einer schwachen Besatzung aus 280 Mann Garnison und Bürgerwehr scheitert. Schill wendet sich am folgenden Tag nach Dessau, wo er und seine Soldaten zwar begeistert empfangen werden, jedoch nur wenige neue Mitstreiter gewinnen können.

2. Mai - Das Regiment bricht in Richtung Dessau auf. Unterwegs trifft es auf Leopold III. Friedrich Franz Fürst von Anhalt-Dessau (1751 - 1817; 1807 Herzog), der vergeblich versucht, Schill zur Umkehr zu bewegen.
Schill verfaßt am selben Tag seinen patriotischen Aufruf „An die Deutschen" und läßt ihn durch Leutnant Bärsch in Dessau drucken. Das kurzzeitige Einrücken einer Eskadron sächsischer Kürassiere in die Stadt führt dazu, daß statt der 5 000 Exemplare nur 1 000 gedruckt werden können. Mit dem Aufruf wendet sich Schill an „Meine in den Ketten eines fremden Volkes schmachtenden Brüder!" Von einer sehr konservativen Position ausgehend formuliert er: *„Der Augenblick ist erschienen, wo Ihr die Fesseln abwerfen und eine Verfassung wiedererhalten könnt, unter welcher ihr seit Jahrhunderten glücklich lebtet, bis der unbegrenzte Ehrgeiz eines kühnen Er*

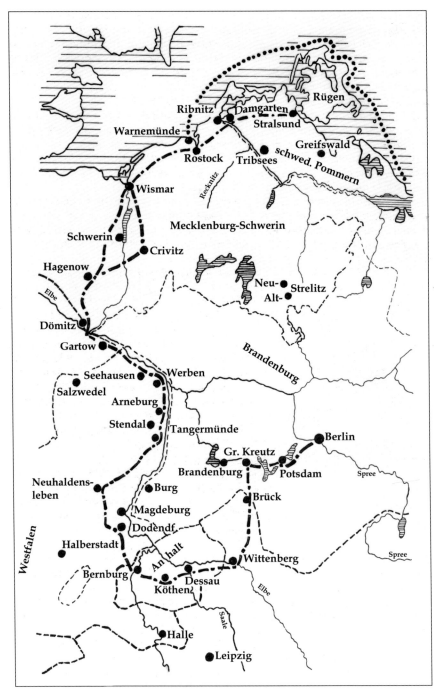

Der Zug des Schillschen Korps von Berlin nach Stralsund 1809.

oberers unermeßliches Elend über das Vaterland verbreitete. Ermannt euch, folgt meinem Winke, und wir sind, was wir ehemals waren! Ziehet die Sturmglocken! Dieses schreckliche Zeichen des Brandes fache in Euern Herzen die reine Flamme der Vaterlandsliebe an und sei für euere Unterdrücker das Zeichen des Untergangs. Alles greife zu den Waffen - Sensen und Piken mögen die Stelle der Gewehre vertreten. Bald werden englische Waffen, die schon angekommen sind, sie ersetzen. Mit kräftiger Hand geführt, wird auch die friedliche Sense zur tödtenden Waffe.
Jeder greife zu den Waffen, nehme theil an dem Ruhme der Befreier des Vaterlandes, erkämpfe für sich und seine Enkel Ruhe und Zufriedenheit. Wer feige genug ist, sich der ehrenvollen Aufforderung zu entziehen, den treffe Schmach und Verachtung, der sei zeitlebens gebrandmarkt! Ein edles deutsches Mädchen reiche nie die Hand einem solchen Verräther! Fasset Muth. Gott ist mit uns und unserer gerechten Sache. Das Gebet der Greise möge Segen für uns erflehen. Siegreich rücken Österreichs Heere vor, trotz der großprahlerischen Versicherungen Frankreichs; die braven Hessen haben sich gesammelt; an der Spitze geprüfter, im Kampfe geübter Krieger eile ich zu euch. Bald wird die gerechte Sache siegen, der alte Ruhm des Vaterlandes wird hergestellt sein. Auf zu den Waffen! Schill."* (Zit. nach: Binder von Krieglstein, S. 294 f.)

Leopold v. Lützow in späteren Jahren.

3. Mai - Sekondeleutnant Leopold v. Lützow (1786 - 1844), ein jüngerer Bruder Adolph v. Lützows, kann mit 42 Reitenden Jägern und Dessauer Freiwilligen überraschend Köthen besetzen und die geringen Kassenbestände von 368 preußischen und 250 sächsischen Talern, Uniformen und 350 Gewehre beschlagnahmen. Zehn Gardisten, ehemalige preußische Soldaten, und der frühere preußische Sekondeleutnant und derzeit im Dienste des Herzogs von Anhalt-Köthen stehende F. v. Alvensleben schließen sich den Schillschen Truppen an.

Am gleichen Tag kann auch Premierleutnant Hans v. Brünnow mit drei Zügen seiner 4. Eskadron kurzzeitig Halle besetzen und ebenfalls Geld, Waffen und Munition gewinnen. Bei seinem Abzug folgen ihm zwar 60 Freiwillige, von denen ein Teil jedoch bald wieder das Schillsche Korps verläßt.

4. Mai - Das Regiment erreicht Bernburg. Schill erhält ein weiteres Schreiben des Generalleutnants v. L'Estocq, der ihn noch einmal auffordert, nach Berlin zurückzukehren und sich den Folgen seiner Handlungsweise zu unterwerfen
Am Nachmittag läßt Schill seine Offiziere zusammenkommen. Er stellt ihnen die Lage dar und erörtert mit ihnen verschiedene Vorgehensweisen. Die Offiziere, an der Spitze Major v. Lützow und Premierleutnant v. Diezelsky, sprechen sich deutlich für die Fortsetzung der Unternehmung aus. Schließlich wird von allen Offizieren beschlossen, so später v. Brünnow, *„weiter vorzudringen und einen ehrenvollen Untergang gegen überlegene Macht der Schande vorzuziehen, den Feind ohne Schwertschlag triumphieren zu sehen".* (Zit. nach: Hermann Klaje, Schill, Stettin 1940, S. 68.) Danach sind jedem der Schillschen Offiziere die Konsequenzen klar.

Im Hinblick auf das weitere Handeln werden erörtert: ein Hinwenden nach Böhmen, um unter den Fahnen Österreichs gegen Frankreich zu kämpfen, die Fortsetzung des Kleinen Krieges in Westfalen und der direkte Zug nach Ostfriesland (Vorschlag des Majors v. Lützow), wo das Korps gegebenenfalls von der englischen Flotte aufgenommen werden kann. Letztlich setzt sich Schill, getragen von seinen eigenen Erfahrungen in Kolberg 1806/07, durch, mit einer Festung im Rücken Sicherheit für Operationen zu gewinnen. Zudem zieht es ihn in das vertraute Pommern. Seine Absicht stößt nicht auf die volle Zustimmung vieler Offiziere, vor allem nicht die Lützows und seiner Anhänger. In diese Situation hinein melden zurückkehrende Patrouillen, daß ein Teil der Besatzungstruppen Magdeburgs im Anmarsch sind. Die Schillschen Truppen rücken ihnen noch am Nachmittag entgegen.

5. Mai - Gefecht bei Dodendorf. Hier sucht Schill ohne militärische Notwendigkeit die erste Bewährungsprobe für sein Freikorps. Der Gouverneur der Festung Magdeburg, Divisionsgeneral Claude Ignace François Michaud (1751 - 1839), hatte bereits am Vortag zwei französische und vier westfälische Infanteriekompanien mit drei 6-pfündigen Geschützen, zusammen etwa 800 Mann, unter dem Befehl des westfälischen Brigadegenerals Leopold Wilhelm v. Uslar (1764 - 1830) entsandt. Sie beziehen eine feste Stellung bei Dodendorf. Michaud ist damit nicht einverstanden und überträgt an diesem 5. Mai Oberst Vautier, dem Kommandeur des 1. westfälischen Linienregiments, den Befehl mit der Maßgabe, Schill anzugreifen. Uslar reiht sich als Freiwilliger ein. Vautier rückt daraufhin mit den Westfalen vor, die Franzosen verbleiben in Reserve.
Versuche Schills, die Westfalen zum Übergehen auf seine Seite zu bewegen, scheitern mehrmals. Beim ersten Mal wird Sekondeleutnant Stock als Parlamentär erschossen. Sekondeleutnant Bärsch, der den zweiten Versuch unternimmt, wird sofort von Gewehrfeuer empfangen. Daraufhin greift Schill mit seiner Kavallerie und einer 60 Mann zählenden Infanterieabteilung, bewaffnet mit Gewehren und Piken, an, kann dabei zwei westfälische Kompanien zersprengen und 160 Mann mit einigen Offizieren gefangennehmen. Oberst Vautier wird tödlich verwundet. Die beiden anderen westfälischen Kompanien finden Halt bei der französischen Reserve. Aber auch die eigenen Verluste sind hoch. Sieben Offiziere (einer in Gefangenschaft gestorben) sind gefallen, darunter Premierleutnant v. Diezelsky und Stabsrittmeister v. d. Kettenburg, und fünf, darunter Major v. Lützow (siehe unten), verwundet. Auch die Sekondeleutnants Heinrich von Wedel und Johann Zaremba geraten in Gefangenschaft. Die Verluste an Unteroffizieren und Gemeinen betragen 70 Mann.
Das Gefecht von Dodendorf kennt keine Sieger im militärischem Sinne, wenngleich es für die Schillschen durchaus ein bedeutsamer moralischer Erfolg ist. Das Interesse für sie erhöht sich. Die Zahl der Freiwilligen nimmt erneut zu. Unter den Pikenmänner zeichnet sich einer namens Johann Friedrich Mundt (gest. 1848) derart aus, daß Schill ihn zum Unteroffizier befördert. In den Befreiungskriegen wird dieser Offizier im 4. Husaren-Regiment und scheidet erst 1837 als Major aus dem preußischem Militärdienst. Der Legende nach hat ihn Schill, um Napoleon zu verspotten, auf dem Gefechtsfeld zum „Herzog von Dodendorf" erhoben.
An jenem Tag geschieht noch dieses: König Jérôme von Westfalen setzt für die Ergreifung Schills ein Kopfgeld von 10 000 Francs aus. In Preußen wird dem Leichten Infanterie-Bataillon von Schill der Name entzogen.
Noch zum Schicksal des Majors v. Lützow im Gefecht: Bei einem Angriff auf ein Karree wird er schwer in Brust und Oberschenkel verwundet. Dadurch ist er gezwun-

gen, Schill zu verlassen. Weil er kein preußischer Staatsbürger ist, entgeht er später der Bestrafung nach dem unglücklichen Ausgang des Schillschen Zuges. Seine Rettung vom Schlachtfeld verdankt Lützow seinem Bruder Leo und dem Leutnant Bärsch. Diese übergeben den Verwundeten dem Rittergutsbesitzer Achaz v. Bismarck, einem Cousin des späteren Reichskanzlers Otto v. Bismarck und Freund Lützows. Bismarck sorgt auch für das weitere Fortkommen über Schönhausen (ein Gut im Besitz eines anderen Vetters), Berlin und Hirschfeld nach Schöneiche. Dort kann sich Lützow bei einem Herrn v. Schütz auskurieren.

6. Mai - Fortsetzung des Marsches der Schillschen über Neuhaldensleben, Tangermünde (7.5.) nach Arneburg, wo sie am 8. Mai eintreffen.

8. Mai - In Königsberg wird der Parolebefehl des Königs Friedrich Wilhelm III. bekanntgegeben, in dem es unter anderem heißt: *„Der Major von Schill und Alle, die mit ihm gegangen sind, sollen einem strengen Militärgericht unterworfen werden."*(Zit. Nach: Binder von Krieglstein, S. 159) Schill nutzt den sich bis zum 13. Mai hinziehenden Aufenthalt in Arneburg, um sein Freikorps zu reorganisieren. Etwa in dieser Zeit fallen ihm durch Streifzüge in die Umgebung nach verschiedenen Angaben 47 Kassen mit über 26 000 Taler in die Hände.

12. Mai - Durch das Eintreffen von 152 Mann „seines" Leichten Infanterie-Bataillons unter Führung des Sekondeleutnants August v. Quistorp, die Berlin in der Nacht zum 3. Mai verlassen hatten, wird die Schillsche Freischar in Arneburg erheblich verstärkt. Dagegen ist es zu einem Treffen Schills mit dem eben auf eigenen Wunsch verabschiedeten Major Karl Wilhelm Georg v. Grolmann (1777 - 1843), einem Reformer und wichtigen Mitarbeiter Scharnhorsts, in diesen Arneburger Tagen nicht gekommen.

13. Mai - Die Schillschen Truppen brechen von Arneburg nach Werben und am 14. Mai über Seehausen und Gartau in Richtung Gorleben bzw. zur Grenzfestung Dömitz des Herzogtums Mecklenburg-Schwerin auf.

15. Mai - In der Nacht rückt Leutnant August v. Quistorp mit zwei Kompanien nach Schnackenburg, bemächtigt sich dort einiger Elbkähne, landet mit diesen knapp unterhalb von Dömitz und rückt zu Fuß auf die Festung zu. Es gelingt ihm am Morgen, handstreichartig den eben ausreitenden Kommandanten Major v. Roeder und die 19 Mann starke Torwache zu überwältigen und die Festung einzunehmen. Schill wird in Gorleben über die Einnahme von Dömitz benachrichtigt.
Fernab von diesem Schauplatz erfolgt gleichzeitig die formelle Auflösung des „2. Brandenburgischen Husaren-Regiments v. Schill" durch A.K.O.

16. Mai - Schill trifft mit dem Hauptteil seiner Truppen in der Festung Dömitz ein. Er beabsichtigt, die Festung für eine aktive Verteidigung herzurichten, quartiert seine Kavallerie in den umliegenden Orten und die Infanterie in der Festung ein. Kommandant der Festung wird Sekondeleutnant Karl v. François. Er verfügt über 50 gut bewaffnete und zuverlässige Infanteristen, 100 unbewaffnete Rekruten, 200 Pikeniere, zehn Jäger, 18 Ulanen und 40 Kanoniere. Des weiteren befinden sich in der Festung, die ja auch stets als Gefängnis diente, 69 Geisteskranke, 66 Bettler, Diebe und Mörder, 150 Kriegsgefangene und 300 Schiffer, denen man die Kähne weggenommen hatte, um den Franzosen den Elbübergang zu erschweren. Hunderte leibeigene Bauern werden gezwungen, mit Instandsetzungsarbeiten an der Festung zu beginnen. Obendrein werden erhebliche Schäden durch die Schaffung eines freien Schußfeldes und die Öffnung der Schleusen, dem die grünenden Kornfelder der Umgebung zum Opfer fallen, angerichtet. Streifkommandos schaffen mit Gewalt Lebensmittel (12 000 Pfund Brot, 7 500 Pfund Fleisch, 375 Scheffel Hafer, je 9 000 Pfund Heu und Stroh, 1 500 Pott Branntwein und 12 000 Pott Bier) herbei.

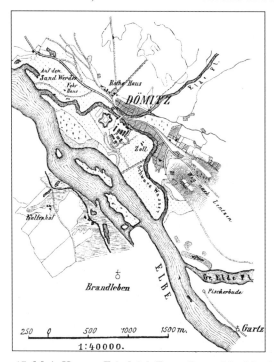

Die Festung Dömitz und Umgebung und Karl v. François in späteren Jahren.

17. Mai - Herzog Friedrich Franz I. von Mecklenburg-Schwerin (1756 - 1837; ab 1815 Großherzog) läßt als Rheinbundfürst durch seinen Adjutanten Major Johann Caspar v. Boddien (1773 - 1845) Schill ausrichten, es werde ihm „*keine Hilfe, weder an Menschen, noch an Kriegsmaterial*" geleistet werden und er selbst gedenke, alles zu tun, „*um jegliche Berührung mit Ihnen und Ihren Truppen zu vermeiden*". (Zit. nach: Helmut Bock, Ferdinand v. Schill, Berlin 1998, S. 180)
Schill entsendet zudem eine Streifschar in Richtung Lüneburg, die heranrückende holländische Truppen unter Generalleutnant Pierre Guillaume Gratien (1764 - 1814) feststellt. Auch sucht er - vergeblich - über Gustav v. Bornstädt und Alexander v. Bothmer eine Verbindung zur englischen Flotte.

18. Mai - Schill verläßt Dömitz, um sich zur Festung Stralsung, die er noch aus seiner Kolberger Zeit kennt, durchzuschlagen, da er und seine Freischar inzwischen auf Befehl Napoleons von den genannten holländischen und auch dänischen Truppen verfolgt werden. In Hagenow bleibt eine aus Infanterie und Kavallerie gemischte Abteilung zurück, um Verbindung nach Dömitz zu halten. Dort verbleibt Leutnant v. François mit seinen Kräften noch in der Festung. Bereits am 19. Mai wird eine

Schar Milchmädchen und Bauern für den heranmarschierende Feind gehalten und mit Geschützen beschossen, bis der Irrtum bemerkt wird.

20. Mai - Schill trifft in Wismar ein.

21./22. Mai - Sieg der Österreicher unter Oberbefehl des Erzherzogs Karl von Österreich (1771 - 1847) bei Aspern. Erste Niederlage Napoleons I. in einer Feldschlacht.

22. Mai - Rostock fällt in die Hände eines Detachements des Schillschen Korps in Stärke von 30 Husaren und 100 Infanteristen. Von seinem Führer, dem Leutnant Friedrich Franz Graf v. Moltke über die wirkliche Zahl der Freischärler getäuscht, vor allem politisch nicht klar instruiert, verhält sich der Gouverneur der Stadt, Generalleutnant Otto Bernhard v. Pressentin (1739 - 1825), bei den Verhandlungen recht gutgläubig und übergibt Rostock. Deshalb muß er nachfolgend sogar ein Kriegsgerichtsverfahren über sich ergehen lassen, in dessen Ergebnis er mit Befehl vom 22. Juli des Jahres mit Pension in den Ruhestand versetzt wird. Noch für die Nachfahren schreibt der tief gekränkte General eine „*Richtige Darstellung der Übergabe der Stadt an von Schill´schen Corps den 22ten Mai 1809*".
Die in Rostock befindlichen Mecklenburg-Schweriner Truppen, zwei Kompanien aus zumeist Invaliden und 20 Husaren, rücken aus dem Petritor ab und stoßen am nächsten Tag zum II. Bataillon des Mecklenburg-Schweriner Kontingent-Regiments in Damgarten. Die Husaren, da nur für Ordonnanz- und Polizeidienste bestimmt, werden durch herzoglichen Befehl wieder zurückberufen.

23. Mai - In der Frühe erreicht v. François der Befehl von Schill, Dömitz zu räumen. Gegen 8.00 Uhr erscheinen westfälische Truppen unter Divisionsgeneral Maurice d´Albignac (1775 - 1824). Dieser lehnt das Angebot von François, freiwillig abzumarschieren, um die Stadt Dömitz zu schonen, ab. Wenig wirksam wird dann seitens der Schillschen gefeuert. Das Feuer des Gegners wiederum setzt das Rathaus und 17 weitere Häuser in Flammen. Dazu vermögen sich die Kriegsgefangenen zu befreien und einige Schillsche Offiziere gefangenzunehmen. François selbst kann mit einigen Männern die Situation bereinigen. Der Führer der sich wieder ergebenden Gefangenen, ein Pole namens Waldesowsky, der bereits am Vortag versucht hatte, einen Aufstand der Gefangenen zu organisieren, wird erschossen. Unter dem Schutz plänkelnder Jäger können François und seine Leute Dömitz verlassen. Nur 30 junge Pikeniere geraten in Gefangenschaft. D´Albignac befiehlt 50 Hiebe für jeden, doch mit der Forderung „*Wir haben als brave Soldaten gefochten, schießt uns lieber tot!*" ertrotzen sie die Freiheit.
Währenddessen zieht am Abend dieses Tages Schill mit dem Hauptteil seiner Kräfte, drei Eskadronen Husaren, eine Eskadron Reitende Jäger, ein Bataillon Infanterie und drei Geschütze, in Rostock ein, um in der Frühe des 24. Mai in Richtung von Ribnitz aufzubrechen. Er läßt Leutnant Bärsch zurück, um die Besatzung von Dömitz aufzunehmen und sie dann mit dem Gepäck des Korps, den Kranken und der Kasse mit Schiffen nach Rügen zu überführen.

24. Mai - Gefecht der Freischar Schills bei Damgarten an der Grenze des Herzogtums Mecklenburg-Schwerin zu Schwedisch-Pommern.
Während die holländischen und dänischen Truppen und Generalmajor Karl Heinrich Wilhelm Anthing (1766 - 1823) bzw. Generalmajor Johann v. Ewald (1744 -

1813) unter dem Oberbefehl des Generalleutnants Gratien von Bergedorf und Trittau der Schillschen Freischar folgen, beschließt Brigadegeneral Jacques Lazare des Savettier de Candras (1768 - 1812), Gouverneur von Pommern und Kommandant von Stralsund, diesen in Richtung Damgarten entgegenzutreten. Ihm stehen 100 polnische Ulanen, das schwache Mecklenburg-Strelitzer Infanterie-Bataillon (allerdings in Greifswald und Wolgast) und die zwei Bataillone des Mecklenburg-Schweriner Regiments sowie eine Artilleriekompanie mit 50 Mann zur Verfügung. Mit ihnen rückt Candras aus, schickt jedoch bald die Ulanen nach Stralsund zurück und ersetzt auch seine französische durch mecklenburgische Artillerie. Da ihm nicht

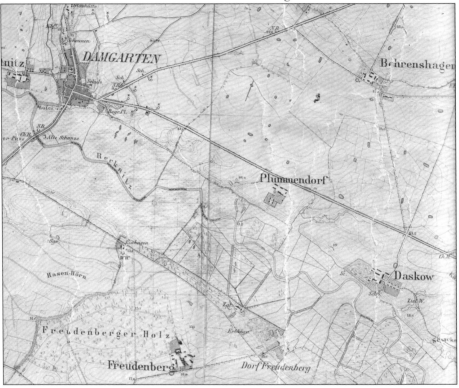

Karte zum Gefecht von Damgarten am 24. Mai 1809.

klar ist, welchen Weg Schill einschlägt, über Ribnitz-Damgarten oder Sülze-Triebsees, teilt er seine Streitmacht, indem das Gros des I. Bataillons unter Major Helmuth v. Moltke (1766 - 1812; ein Onkel des späteren preußischen Generalfeldmarschalls) nach Triebsees und das II. Bataillon unter Major Georg Karl Gerd v. Pressentin (1767-1821; der Sohn des Rostocker Gouverneurs) nach Damgarten. Zu dem Bataillon Pressentins stoßen noch die zwei aus Rostock kommenden Kompanien. Candras selbst begibt sich nach Triebsees, den Befehl bei Damgarten hat Pressentin. Ihm stehen zunächst außer 21 polnischen Chasseurs an Mecklenburgern 35 Husaren, 43 Artilleristen, 59 Grenadiere, 59 Voltigeure, 497 Musketiere und zehn Kadetten mit sehr wenig Munition und vor allem stark mit den Schillschen sympathisierend zur Verfügung. Noch vor dem Gefecht werden vier Geschütze mit Eskorte und die

Kranken nach Stralsund entlassen; nur zwei Geschütze verbleiben. Dann entsendet Pressentin die Chasseurs und Husaren nach Plenin. Die Mecklenburger beziehen Stellung auf dem rechten Ufer der Recknitz, die durch morastige Wiesen zum Saaler Bodden fließt. Die Bohlen der Brücke über den Fluß werden abgebrochen. Auf dem jenseitigen Ufer sperren Geschütze und die Infanterie den Zugang nach Damgarten und damit die Straße nach Stralsund.

Das eigentliche Gefecht, über das es wiederum die unterschiedlichsten Aussagen gibt, beginnt offenbar 16.30 Uhr mit Artillerie- und Gewehrfeuer. An drei Stellen gehen die Schillschen vor: die abgesessenen Reitenden Jäger unterhalb von Ribnitz in Kähnen über den Ribnitzer See, Infanteristen am östlichen Rand von Ribnitz über die in Richtung Mecklenburgisches Zollamtshaus, das sie besetzen können, und die Kompanie des Sekondeleutnants v. Ledebur bei Freudenberg mit einem aus Rostock mitgeführten Boot über die Recknitz in Richtung des Dorfes Daskow (nicht Daschow, wie immer geschrieben wird). Somit nehmen die Reitenden Jäger und die Kompanie v. Ledeburs die Mecklenburger in die Zange. Nahezu gleichzeitig ist die Schillsche Infanterie über die am Zollamtshaus wiederhergestellte Brücke auf Damgarten vorgedrungen. Auch sind nach den Erinnerungen Reyers Teile der Reiterei Schills (etwa 150 Mann) mit ihren Pferden durch die Recknitz geschwommen und unterstützen die Infanterie. Ein geordneter Rückzug der Mecklenburger ist nicht mehr möglich - sie werden gefangengenommen und in der Mehrzahl zunächst nach Freudenberg (die Offiziere in das dortige Gutshaus) gebracht bzw. gehen zu den Schillschen über. Nur wenige können entkommen. Unter letzteren befindet sich der Premierleutnant Friedrich Tarnow, der die Fahne rettet. Auch drei Offiziere, die Premierleutnants v. Flotow und v. Lowtzow sowie Sekondeleutnant v. Suckow, treten in das Korps Schill ein. Nach dessen Niederlage in Stralsund erhalten sie von Herzog Friedrich Franz I. drei Monate Arrest und werden entlassen. Flotow scheidet 1861 in Bayern mit dem Charakter als General der Kavallerie aus, Lowtzow kämpft 1813/1814 als Stabsrittmeister im Mecklenburg-Schweriner Freiwilligen-Jäger-Regiment zu Pferde und Suckow beteiligt sich später am Kampf der Griechen gegen die Türken.

Insgesamt sind die beiderseitigen Verluste an Toten und Verwundeten gering. In Gefangenschaft gehen seitens der Mecklenburger zwei Stabsoffiziere, sieben Kapitains, 21 Leutnants und wenigstens 200 Unteroffiziere und Mannschaften. Damit ist für Schill der Weg nach Stralsund freigekämpft.

25. Mai - Schill rückt gegen 10.00 Uhr mit etwa 40 Reitern in das nur noch von einer 50 Mann zählenden französischen Artillerie-Kompanie besetzte

Schills Einzug in Stralsund.
Eine Buchillustration.

Stralsund ein. Die Einnahme der Stadt verläuft - möglicherweise aufgrund von Mißverständnissen - offenbar unglücklich. Nähere Einzelheiten sind heute nicht mehr verläßlich zu klären. Es kommt nicht nur zu heftigen Kämpfen der Schillschen mit den französischen Artilleristen, sondern eindeutig zu Übergriffen ersterer gegenüber letzteren. Es sollen 40 tote Franzosen sowie elf gefallene (unter ihnen der Sekondeleutnant Karl v. d. Goltz) und 20 verwundete Preußen sein.
Nach und nach rückt die Mehrzahl des Schillschen Korps in Stralsund ein. Schill selbst bezieht Quartier am Neuen Markt Nr. 246 bei dem früheren schwedischen Rittmeister v. Parsenow.

26. Mai - Schill ergreift alle vorhandenen Möglichkeiten, die auf Kaiser Napoleons I. Befehl bereits weitgehende geschleifte Festung zur Verteidigung vorzubereiten. Dazu bietet ihm der frühere schwedische Artillerieleutnant Friedrich Gustav Petersson seine Hilfe bei der Wiederherstellung der Festungsanlagen an. Dann versucht Schill auch die in der Stadt wohnenden ehemaligen schwedischen Artilleristen zu Handlangerdiensten heranzuziehen, indem er ihnen doppeltes Gehalt verspricht. Es sollen sich am Folgetag etwa 200 Mann gemeldet haben. Des weiteren beruft Schill die 1807 auf Befehl des schwedischen Königs errichtete Rüganer Landwehr ein. Da er bei Ausbleiben die Todesstrafe androht, stellen sich ebenfalls am 27. Mai ungefähr 300 Mann. Von seiner Infanterie entsendet er die 400 am schlechtesten bewaffneten und ausgerüsteten Leute dagegen auf die Insel Rügen - der Grund ist nicht bekannt. Insgesamt kann Schill über 1 290 Mann in Stralsund verfügen, nämlich:

an Infanterie
ein Bataillon zu 4 Kompanien unter Leutnant v. Quistorp II   zu 300 Mann
Rüganer Landwehr unter Leutnant v. Pannwitz   zu 300 Mann

an Kavallerie unter Leutnant v. Brünnow
vier Eskadronen Husaren   zu 350 Mann
drei neugebildete Eskadronen Ulanen   zu 200 Mann

die Artillerie unter den Leutnants v. Rochow und Peterssonzu   60 Mann
dazu die Handlanger   zu 200 Mann

Das Siegel des Schillschen Korps.

Für die Instandsetzungsarbeiten an den Befestigungsanlagen zieht Schill ungefähr 150 Maurer und Zimmerleute sowie ungefähr 1 000 Bauern heran.

27. Mai - Die dänischen und holländischen Truppen vereinigen sich in Wismar. Generalmajor Ewald verfügt über 2 117 Mann Infanterie des I. und II. Bataillons des Regiments Oldenburg (ohne die Grenadierkompanien), des III. Bataillons des Regiments Holstein und zweier Kompanien des Holsteinischen Scharfschützenkorps, 214 Mann Kavallerie (2. und 6. Eskadron Husaren, eine Abteilung holsteinischer Reiter) und 139 Artilleristen mit acht 3-Pfündern. Insgesamt kommen 61 Offiziere hinzu, so daß es zusammen 2 531 Mann sind. Die Holländer unter Generalmajor Anthing sind mit ihrem 6. und 9. Infanterie-Regiment, drei Eskadronen Kürassiere und einer Abteilung Gendarmen sowie der Artillerie mit zehn 6-Pfündern und zwei Haubitzen etwa gleich stark. Die Gesamtstärke der Gegner Schills unter Generalleutnant Gratien beträgt somit etwa 5 000 Mann. Über Ribnitz am 29.5. gelangen sie am 30.5. nach Altwillershagen.
Als die Dömitzer Besatzung in Warnemünde eintrifft, sticht Leutnant Bärsch mit ihnen und seinen Leuten gegen 23.00 Uhr im letzten Moment in See. Eingeschifft sind auf den 19 Schiffen etwa 350 Mann und 15 Frauen. Zwei der Schiffe mit 33 Mann und zwei Frauen können zwei heranrückende Kompanien Holländer, die abgezweigt waren, allerdings nehmen. Am 30. Mai erreicht Bärsch mit seinen Schiffen und Leuten Nordperd, eine von Rügen in die Ostsee hineinreichende Landzunge. Offenbar die Wetterverhältnisse oder andere, nicht bekannte Gründe lassen eine Anlandung bzw. zumindest die Ausbootung der Infanterie nicht zu.

30. Mai - Die Anspannung bei Schill - dessen Stimmung zwischen Zuversicht und schlimmen Ahnungen schwankt, der zwar keine persönliche Todesangst verspürt, den jedoch die Verantwortung um das Schicksal seiner Männer drückt - wächst ebenso wie bei seinen Offizieren. Mit ihnen kommt es zu Spannungen über das Vorgehen. Den Vorschlag Leopold v. Lützows und anderer Offiziere, nach Rügen zu gehen und Verbindung zur englischen Ostseeflotte zu suchen, lehnt er ab. Ihm schwebt vor, sich in Stralsund zu halten, es zu einem „zweiten Saragossa" zu machen. Leopold v. Lützow verläßt das Korps und begibt sich schließlich zur österreichischen Armee.
Schill erläßt einen Parolebefehl, in dem er zunächst feststellt: „Es ist der sehr unglückliche Ton im Corps eingerissen, daß meine Befehle nach Willkür abgeändert und oft gar nicht befolgt werden." Dann fordert er: *„Es muß im Corps eine tausendmal größere Ordnung wieder zur Gewohnheit werden, wenn uns, nach so schönen Stunden, dennoch nicht ein Unglücksfall nach dem andern treffen soll."* Schill schließt mit einem Appell an seine Offiziere: *„Dringend bitte ich das Corps der Herren Offiziere, nur den Geist der Einigkeit unter sich zu dulden, der die Seele des Kriegs, die Bahn zum Ruhme öffnet. Ebenso dringend bitte ich die Herren, mir ihr Zutrauen und ihre Freundschaft zu schenken, damit ich mit ihnen die Tage unseres Seins gleichwie in einem Familienkreise verleben möge."* (Zit. nach: Binder von Krieglstein, S. 186 f.) In der Nacht zum 31. Mai schreibt Schill einen ausführlichen Bericht über den bisherigen Verlauf seines Zuges an Erzherzog Karl von Österreich (1771 - 1847), den Generalissimus der österreichischen Truppen, der diesen auch erreicht.

31. Mai - Ab 4.00 Uhr morgens rücken die dänisch-holländischen Truppen gegen Stralsund vor. Ihre Vorhut unter Oberst Valette besteht aus Trupps holländischer

Reiter und Gendarmen, holsteinischer Reiter und dänischer Husaren und die Jägerkompanien der Regimenter Oldenburg und Holstein sowie zwei holländische 6-Pfünder. Die Hauptmacht der Angreifer unter Generalleutnant Gratien bilden die holländischen Kürassiere mit sechs 6-Pfündern, die beiden holländischen Infanterieregimenter mit den vier Geschützen Reitender Artillerie und die beiden Bataillone des Regiments Oldenburg mit vier Geschützen. Als Reserve sind das III. Bataillon Holstein und die beiden Kompanien Scharfschützen sowie die restliche Artillerie eingeteilt. Dieses III. Bataillon Holstein und somit die Reserve kommandiert Major Friedrich Philipp Victor v. Moltke (1768 - 1845; Vater des späteren preußischen Generalfeldmarschalls Helmuth v. Moltke).

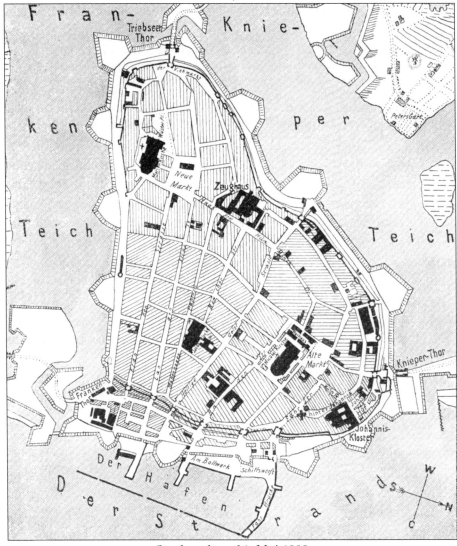

Stralsund am 31. Mai 1809.

Schill verteilt seine Kräfte wie folgt: Die Eskadron Reitender Jäger unter Leutnant v. Blankenburg besetzt die rechte Lünette nördlich des Knieper Tores, ihr schließen sich links im Ravelin, im Hornwerk und in der anderen Lünette je zwei Kompanien des Schillschen Bataillons und der Rüganer Landwehr sowie 40 abgesessene Husaren der Eskadron v. Brünnows an. Zwischen diesen Truppen, die Leutnat v. Eyb befehligt, sind Geschütze aufgestellt, die mangels Bedienungsmannschaften kaum feuern können. Am Triebseer Tor wartet Leutnant v. Pannwitz mit je einer Kompanie des Schillschen Bataillons und der Rüganer Landwehr sowie zwölf Geschützen auf die Angreifer. Das Frankentor soll Leutnant v. Hertel mit ebenfalls je einer Kompanie des Schillschen Bataillons und der Rüganer Landwehr sowie einigen Geschützen verteidigen. Kommandeur der gesamten Schillschen Infanterie ist Leutnant v. Quistorp II.

Nachdem die Vorhut der Angreifer zunächst gegen das Triebseer Tor vorrückt und die Hauptmacht gefolgt von der Reserve sich gegen das Knieper Tor wendet, setzt der Kampf ein. Über den Verlauf der einzelnen Aktionen sind wiederum die verschiedensten Berichte überliefert, so daß eine genaue Darstellung des Verlaufs der Einnahme Stralsunds und der Niederlage Schills nicht mehr möglich ist. Der Hauptstoß der Angreifer richtet sich, nachdem die Vorhut am Triebseer Tor nicht erfolgreich verlief, gegen das Knieper Tor. Nach etwa einer Stunde zögernder Gefechtsführung befiehlt Generalleutnant Gratien dem Generalmajor v. Ewald den Sturmangriff. Dieser kann nach zwei vergeblichen Versuchen letztlich entschlossen mit

Generalmajor v. Ewald.

dem holländischen 9. Infanterie-Regiment und dem II. Bataillon Oldenburg in Stralsund eindringen. Wie bei nahezu allen Sturmangriffen auf eine befestigte Stadt verlaufen auch hier die folgenden einzelnen Kämpfe mit sehr großer Härte bzw. sogar Brutalität. Die am Knieper Tor kämpfenden Schillschen Truppen ziehen sich auf den Alten Markt zurück. Die nachdrängenden Verbündeten, die Generalleutnant Antoine Bénédict Carteret, der Stabschef Gratiens, befehligt, stoßen auf heftigen Widerstand. Carteret wird aus einem Kellerfenster beschossen, in das Rückrat getroffen und fällt. Generalmajor v. Ewald ersetzt ihn und drängt mit seinen Leuten den Schillschen nach, die sich unter Leutnant v. Blankenburg mit hohen Verlusten in Richtung Hafen zurückziehen können. Von dort können sie sich ebenso wie die Leutnants v. Moltke und v. Quistorp II mit wenigen Männern auf die Schiffe von Bärsch retten.

Den Angreifern gelingt es inzwischen, das Frankentor und Triebseer Tor zunächst zu sperren. Gegen das Frankentor rückt jedoch Leutnant v. Rudorff mit zwei Eskadronen Schillscher Husaren vom Alten Markt her durch die Semlowerstraße und kann ins Freie entkommen. Dort trifft er auf Leutnant v. Brünnow, der hier jenseits der Frankenvorstadt noch andere Flüchtlinge sammelt und dann mit insgesamt 195 Reitern und 16 Offizieren sowie 230 Infanteristen und 13 Offizieren Front gegen Stralsund macht. Hier werden diese Schillschen Leute von feindlicher Kavallerie gestellt und mit dem Hinweis, Stralsund sei vollständig eingenommen und Schill getötet worden, zur Übergabe aufgefordert. Brünnow verwirft diese Bedingungen, verlangt freien Abzug und sich vom Tode Schills überzeugen zu dürfen. Das wird ihm zugestanden und die Leutnants v. d. Horst und v. Rudorff, zugleich mit Verhandlungsvollmacht versehen, gegen 14.00 Uhr in die Stadt zu Generalleutnant Gratien entsandt. Ungeachtet des Widerspruchs von Generalmajor v. Ewald gewährt Gratien Brünnow und seinen Männern freien Abzug - die Kavallerie nach Demmin, die Infanterie nach Anklam. Des weiteren werden beide Offiziere auch an den Leichnam Schills geführt.

Zu den Einzelheiten des unmittelbaren Handelns des Majors v. Schill während der Kämpfe in Stralsund und zu seinem Tod existieren mehrere Aussagen. Als sicher kann gelten, daß er lange Zeit in Begleitung des Leutnants v. Mosch, Adjutant der Infanterie, und des Trompeters Bocklet verschiedene Kampforte - natürlich befehlend und auch kämpfend eingreift - aufsucht. Dabei trifft er auf das holländische 6. Infanterie-Regiment, das aus der Knieperstraße auf den Alten Markt zumarschiert. Ihm gelingt es, Oberst Dollemann, den Kommandeur des Regiments, mit einem Säbelhieb zu töten. Mosch und Bocklet werden verwundet und gefangen. Der schwer verwundete Mosch kann später aus dem Stralsunder Lazarett nach Preußen fliehen. Schill, nun auf sich allein gestellt ist, weist noch etlichen Männern den rettenden Weg zum Frankentor und gelangt dann in die Fährstraße, in der er fällt.

Auch zu Schills Tod gibt es keine übereinstimmenden Aussagen. Der dänische Oberstleutnant v. Fries schreibt am 15. März 1810 in einem Brief: *„Beim Einrücken in Stralsund geriet ich auf dem Rathausmarkt unter einen Trupp der holländischen Infanterie ... Vor den Hallen des Rathauses traf sich der Augenblick, wo ich vom Pferde einen Schillschen Offizier, mit dem Gesicht auswärts nach dem Markte stehend, in einer Art von Pelzjacke gekleidet, mit einer Kopfbedeckung gleich einer Furagiermütze, erblicken konnte, der, wie ich unter dem dichtgedrängten Militärhaufen zu bemerken glaubte, einen Säbel in der Quere vor dem Gesichte hielt, gleichsam (einem) Hiebe ausweichen zu wollen, und ich auch die Worte zu hören glaubte, 'Nehmt mich gefangen.' Es war der Husar Krohn, der den Säbel hob, dem ich im Vorbeireiten zurief: 'Husar, desarmiere ihn und nimm ihn gefangen.' Ich habe seinen Hieb aber nicht gesehen, indem die Ungestümheit und die nachdrückende Pressung sowie das Schießen der Holländer es nicht erlaubten. Kaum war ich die Ecke des Rathauses passiert, als hinter mir der laute Ruf: 'Schill! Schill! Tot!' ertönte."* (Zit. nach: Klaje, S. 91)

Georg Bärsch, selbst nicht Augenzeuge, hat diesen Verlauf so wiedergegeben: *„Hierauf gab Schill seinem Pferde die Sporen und stürmte die Straße* (die Fährstraße - d. Verf.) *hinauf, um den Altenmarkt zu erreichen. Darüber gerieth er in das Handgemenge und erhielt von einem dänischen Husaren, Namens Krohn, einen schweren Hieb über die Stirn. Die Hand über die klaffende Wunde haltend, wollte Schill umkehren, als er auf einige Holländer stieß. Diese waren an der Pumpe des Schildfoodes beschäftigt, einem verwundeten Schill'schen das Blut abzuwaschen; als dieser seinen Chef gewahr wurde und ausrief: 'Da ist Schill!' schoß einer der Holländer dem schon schwer verwundeten Schill eine Kugel durch den Hinterkopf, worauf dieser todt vom Pferde fiel. Die Holländer traten nun an den Getödteten heran, nahmen ihm den Verdienstorden vom Halse, plünderten ihn ganz aus und trugen dann den Todten, auf ihre Gewehre gelegt, zum General Gratien, der mit dem General von Ewald auf dem Altenmarkt hielt."* (Bärsch, Georg, Ferdinand von Schill's Zug und Tod im Jahre 1809, Leipzig 1860, S. 112)

Der in Stralsund lebende Zeichenlehrer Brüggemann, der Schill persönlich kannte, gibt viele Jahre später, am 20. Juni 1857, zu Protokoll: Während er noch mit holländischen Soldaten geredet, „*habe plötzlich ein anderer Soldat, welcher etwa an dem Krügerschen oder dem Badeschen Haus* (auf der gegenüberliegenden Straße - so Helmut Bock, nach dem hier von S. 240 f. zit. wird) *gestanden und gerade ein dort liegengebliebendes Gewehr aufgenommen habe, wieder fortgeworfen, sein eigenes ergriffen und nach der Straße Hinter-Sankt-Johannis hinein abgefeuert. Er (Brüggemann) habe inmitten von holländischen Soldaten ... gestanden und in dem Augenblick, wo der Schuß losgegangen sei, einen Offizier in der Straße Hinter-Sankt-Johannis heraussprengen gesehen, der mit dem Oberkörper eine Bewegung zur Seite gemacht, anscheinend um der Kugel auszuweichen. Derselbe sei dann vor ihnen vorbei nach dem Fährtor zu galoppiert und habe er nun sogleich Schill in ihm erkannt. Sein Pferd müsse verwundet oder sehr ermüdet gewesen sein, denn es habe nur ganz langsam und mit sichtlicher Anstrengung galoppiert. ...Als nun Schill bei ihm und den Holländern vorbeigekommen sei, haben diese ihre Gewehre auf ihn angeschlagen und hinter ihm hergeschossen, worauf er sofort vom Pferde gestürzt sei. Die Holländer seien auf den Gefallenen losgestürzt, er sei ihnen gefolgt, und Schill sei, als sie herangekommen, bereits tot gewesen. Die Soldaten haben ihm die Uniform aufgerissen und ihn geplündert.*"

Letztlich wird der Leichnam Schills zu Gratien gebracht. Dieser läßt den Toten im Hause des Stadtwundarztes zur Schau stellen und von einigen herbeigerufenen Zeugen, darunter Schills Quartierwirt, identifizieren und dann von dem Oberstabsarzt Genoux den Kopf abtrennen, um diesen als Trophäe zu König Jérôme nach Kassel zu bringen.

Die Gesamtverluste beider Seiten - Angreifer wie Verteidiger - an diesem Tag sind wie immer bei recht unübersichtlichen Kampfhandlungen schwer nachzuweisen. Die Dänen geben an Toten zwei Offiziere und zehn Mann sowie an Verwundeten fünf Offiziere und elf Mann und damit sehr geringe Verluste an. Bei den Holländern sind es an Toten sechs Offiziere und 40 Mann und an Verwundeten zehn Offiziere

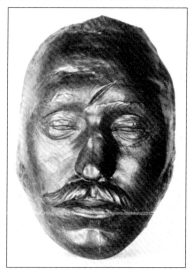

Erinnerungsstein am Ort des Todes von Schill und die Totenmaske.

und 120 Mann. Vom Schillschen Korps sind es sechs tote Offiziere und wohl über 120 Mann. Die Zahl der Verwundeten wird meist auf 300 bis 400 Mann geschätzt. Zudem mögen sich noch viele Verwundete unter den elf Offizieren und 557 Unteroffizieren und Mannschaften befunden haben, die in Gefangenschaft geraten sind. Lützow äußert sich, als er von den Anfeindungen des getöteten Schill und sein Korps hört, so: *"So starb ein Mann den viele tadelten, aber wenige erreichen werden. Seinem vortrefflichen Korps ist kein anderer Vorwurf zu machen, als Kühnheit und der rege Wunsch, Deutschlands Freiheit zu erkämpfen. Denen, die jetzt so schrecklich über dasselbe herfallen, gebe ich zur Antwort, daß sie wahrlich diesen Vorwurf nicht verdienen, noch verdienen werden."* (Zit. nach: Paul Kolbe, Schill und Lützow - zwei wackere Männer aus schwerer Zeit, Leipzig 1908, S. 151)

Mai - Juli - Freischarenzug des Herzogs Friedrich Wilhelm von Braunschweig-Oels (1771 - 1815), dessen Land dem Königreich Westfalen einverleibt war. Seine in Böhmen aufgestellte Schwarze Schar erreicht eine Stärke von ungefähr 2 000 Mann, nimmt im Mai und Juni an Kampfhandlungen in Sachsen und Bayern auf österreichischer Seite teil, rückt nach dem österreichisch-französischem Waffenstillstand vom 12. Juli in Westfalen ein, stürmt am 29. Juli Halberstadt und kämpft sich am 1. August bei Ölper, nahe Braunschweig, den Weg zur Weser und Nordseeküste frei. Englische Schiffe bringen die Schwarze Schar auf die Insel Helgoland. In britischen Diensten nimmt die Truppe in Spanien am Kampf gegen Napoleon I. teil.

1. Juni - Schills kopfloser Leichnam wird spätabends auf dem Stralsunder Militärfriedhof in Anwesenheit des französischen Kommandanten Oberstleutnant Michelin, des dänischen Leutnants von Liliencron und eines Adjutanten der Polizeidirektion *"comme un chien"* (wie ein Hund) ohne Hülle, ohne Sarg und ohne kirchlichen Segen eingescharrt. Erst in der Nacht des 18. Oktober 1838 wird von unbekannter Seite eine eherne Tafel auf das Grab gelegt. Sie trägt die Inschrift:

"Magna voluisse magnum.
Occubuit fato: jacet ingens litore truncus.
Avolsumque caput tamen haud sine nomine corpus."
Großes gewollt zu haben, ist groß.
Er sank hin dem Geschick: Am Gestade der mächtige Rumpf liegt.
Ward entrafft auch das Haupt, ist doch der Körper nicht namlos.
(Zit. nach: Helmut Bock, Ferdinand von Schill, Berlin 1998, S. 246)

Leutnant Bärsch erreicht am Abend mit 14 Schiffen Swinemünde. Am Tag zuvor hatte sich Leutnant v. François mit 80 Leuten auf drei Schiffen von ihm getrennt. Diese werden von dänischen Kriegsschiffen aufgebracht. François wird nach Kopenhagen verschleppt, später aber auf Verlangen Preußens ausgeliefert.

4. Juni - Der schwedische Leutnant Petersson, der Schill bei dem Versuch der Instandsetzung der Festung zur Hand gegangen und dessen Versteck von Stralsunder Bürgern verraten worden war, wird zum Tode verurteilt und auf der von ihm selbst errichteten und verteidigten Batterie auf dem Knieper Tor erschossen.

5./6. Juni - Sieg Napoleons I. über die Österreicher unter Erzherzog Karl in der Schlacht bei Wagram. Der anschließend geschlossene Waffenstillstand zwischen

Frankreich und Österreich bei Znaim am 12. Juli führt zum Frieden zu Wien am 14. Oktober.

10. Juni - Die in Stralsund gefangengenommenen Angehörigen des Schillschen Korps werden ab diesem Tag auf Wagen über Tribsees, Güstrow, Parchim, Uelzen und Gifhorn nach Braunschweig gebracht und kommen dort am 16. Juni an.

23. Juni - Die gefangenen elf Schillschen Offiziere richten aus Braunschweig eine Bittschrift an den König Friedrich Wilhelm III., sie zur Bestrafung nach Preußen zurückzufordern. Der vom König am 13. Juli dem Staatsminister August Friedrich Ferdinand Graf von der Goltz (1765 - 1832) erteilte Auftrag, diese Offiziere von der Regierung des Königreiches Westfalen nach Preußen zurückzuholen, bleibt erfolglos.

Ende Juni - Die in Braunschweig gefangengehaltenen Schillschen Unteroffiziere und Mannschaften, die nach Entlassung der Krüppel noch etwa 500 Mann zählen, werden über Kassel, Frankfurt (Main), Mainz und Sedan nach Frankreich zu den Atlantikhäfen Brest und Cherbourg und nach dem Kriegshafen Toulon gebracht und müssen dort als Galeerensträflinge Schwerstarbeit verrichten.

9. Juli - Die in Magdeburg befindlichen 104 Gefangenen aus dem Gefecht von Dodendorf werden mit den Offizieren Heinrich v. Wedel und Johann Zaremba über Braunschweig, Kassel, Mainz, Kaiserslautern, Saarbrücken und Metz in die Festung Montmédy gebracht, wo sie am 18. August mit jenen elf Schillschen Offizieren zusammentreffen. Diese streiten ab, ihre Offizierskameraden zu kennen und retten ihnen somit sicherlich das Leben.

17. Juli - Ein auf Befehl des Königs Jérôme zusammengetretenes Kriegsgericht verurteilt aus der Braunschweiger Gruppe Gefangener ausgewählte 14 Untertanen, die im 1. Westfälischen Linienregiment gedient hatten, bei Dodendorf gefangen wurden und dann in Schills Dienste getreten seien, zum Tode durch Erschießen.

18., 20. und 22. Juli - Standrechtliche Erschießung von 14 Soldaten und Unteroffizieren der Freischar Schills in Braunschweig. Die Erschießung erfolgt an diesen drei Tagen in Gruppen zu sieben, vier und drei Mann. Es sind dies:
- August Sommerstange, Halberstadt, Korporal, 26 Jahre,
- Gottfried Krummhaar, Erxleben, Füsilier, 47 Jahre,
- Christian Rulp, Oberkirchen (Hessen), Husar, 28 Jahre,
- Christian Mühlberg, Nieder-Erxleben, Unteroffizier, 24 Jahre,
- Wilhelm Weidkamp, Gellenbeck (Hannover), Reitender Jäger, 26 Jahre,
- Arnold Böhler, Heden (Hannover), Füsilier, 30 Jahre,
- Johann Schlosser, Stade, von Schill bei Damgarten zum Unteroffizier ernannt, 29 Jahre,
- Heinrich Otto Steinmann, Herford, Füsilier, 25 Jahre,
- Johann Heinrich Christoph Althof, Hellegassen, Füsilier, 26 Jahre,
- Jakob Grabau, Lemsdorf bei Magdeburg, Jäger, 23 Jahre,
- Heinrich Jenecke, Egeln, Füsilier, 26 Jahre,
- Friedrich Bandau, Benstedt bei Halle, Wachtmeister, 41 Jahre,
- Johann Jakob Zöllner, Halle an der Saale, Füsilier, 23 Jahre,
- Johann Große, Korporal (keine weiteren Angaben bekannt).

10. August - In Stargard tritt unter dem Vorsitz des Generals der Kavallerie von Blücher das Kriegsgericht über 52 Offiziere des Schillschen Korps zusammen. Vor Gericht steht auch Major v. Zepelin, der Schill am 29.4. einen Rückmarschbefehl überbracht hatte. Schon vor dem Kriegsgerichtsverfahren verlieren die von Schill zu Volontäroffizieren ernannten Männer diesen Dienstgrad und treten in ihren alten zurück. Zunächst bezieht das Gericht den Standpunkt, daß der durch den Generalleutnant Gratien damals dem Leutnant v. Brünnow in Stralsund zugestandene ehrenvolle Abzug für diesen Teil des Schillschen Korps eine Amnestie aller ihrer Unternehmungen im Auslande bedeutet und somit nur auf preußischen Gebiet geschehene Taten Gegenstand der Aburteilung sind. Menschlich verständlich ist es, daß viele der Offiziere die Verantwortung auf Schill schieben. Das wird vom Kriegsgericht akzeptiert. Insgesamt erkennt das Kriegsgericht wie folgt:

Generalfeldmarschall Fürst Blücher von Wahlstatt. Stich von 1861 nach einem Gemälde von F. C. Gröger von 1816.

- bei sieben Offizieren (Schill, Quistorp II, Mach, Pannwitz, Hertel, Stankar II und Rochow II) ist der Deserteur-Prozeß einzuleiten,
- für acht Offiziere (Adolph v. Lüzow, Fromm, Ledebur, Enig, Wegner, Heiligenstädt, Fischer und Frick) ist das Gericht nicht zuständig,
- freizusprechen sind 16 Offiziere (Kunheim, Brünnow, Stwolinsky, Herzberg, Horst, Lilienthal I, Lilienthal II, Strantz, Hellwing, Kessel, Bärsch (als Offizier), Auditeur Frick, Rudorff, Bismarck, Moltke und Pückler)
- ein Urteil vorbehalten ist bei sechs Offizieren (Blankenburg, Krottenaurer, Wedel, François, Frohreich und Bärsch (Rechnungslegung) sowie Zepelin (s. oben),
- bei Sebisch und Dassel ist der erlittene Arrest als Strafe anzurechnen,
- drei Monate Festung erhalten zehn Offiziere (Rochow I, Bornstädt, Blomberg, Winning I, Winning II, Fuchs I, Fuchs II, Hagen, Klöden und Kahlden,
- sechs Monate Festung für Bernhardi und den Regiments-Chirurgen Werdermann,
- drei Jahre Festung Blottnitz und Quistorp I.

Am Schluß der Kriegsgerichtsverhandlungen über die Schillschen Soldaten stellt Blücher insgesamt fest: *„Übrigens erkläre ich einen jeden vor einen Schurken, der die ehre des verblichenen nach seinem Tod anficht!"* (Zit. nach: Tom Crepon, Gebhard Leberecht von Blücher - sein Leben, seine Kämpfe, Rostock 1999, S. 191)

König Friedrich Wilhelm III. von Preußen bestätigt am 10. September die Urteile des Kriegsgerichts.

September - Reise Lützows nach Königsberg, nach dem die schweren Wunden ausgeheilt sind. Hier wartet er das Kriegsgerichtsurteil ab. Das Kriegsgericht unter dem Vorsitz des Generals der Kavallerie Gebhard Leberecht von Blücher urteilt ihn betreffend, *„daß ... der Major von Lützow dem Ausspruche dieses Kriegsgerichts nicht* *zu unterwerfen ist."* Begründet wird das Urteil wie folgt: *"Lützow sich nicht mehr im preußischen Militärdienste befinde, er seiner persönlichen Qualität nach Ausländer sei, er also seinem Schicksale überlassen werden müsse, da er gegen den preußischen Staat, sowohl als Untertan wie als Soldat nichts verschuldet habe."* (Zit. nach: Paul Kolbe, S. 151)

Kasematte der Festung Wesel, in der die elf Schillschen Offiziere eingesperrt waren.

16. September - Standrechtliche Erschießung der elf Offiziere der Freischar Schill in Wesel, nämlich:
- Johann Leopold Jahn, Sekondeleutnant, verheiratet, sechs Kinder, 31 Jahre,
- Johann Christian Daniel Schmidt, Volontäroffizier, 29 Jahre,
- Johann Friedrich Wilhelm Galle, Volontäroffizier, 25 Jahre,
- Karl Friedrich Wilhelm v. Trachenberg, 1806 Fähnrich, 25 Jahre,
- Adolf Theodor Leopold v. Keller, 1806 Sekondeleutnant, 24 Jahre,
- Friedrich Wilhelm Felgentreu, Sekondeleutnant, 23 Jahre,
- Konstantin Johann Wilhelm Gabain, 23 Jahre,
- Karl Lupuld Magnus Wilhelm v. Wedel, 1806 Kornett, 23 Jahre,
- Albert Hans Gustav v. Wedel, Sekondeleutnant, 18 Jahre,
- Johann Friedrich Ludwig v. Flemming, Sekondeleutnant, 18 Jahre,
- Karl Gustav v. Keffenbrink, Sekondeleutnant, 17 Jahre.

1810, 6. Januar - Nach dem Friedensschluß zwischen Frankreich und Schweden an diesem Tag fällt Schwedisch-Pommern und somit auch Stralsund wieder an Schweden zurück.

20. März - Heirat Lützows mit Elise Davidia Margarethe Gräfin von Ahlefeldt-Laurvig (1788 - 1855) auf dem Familiensitz der Grafen in Tranekær auf Langeland/

Dänemark. Der Vater der Gräfin war lange Zeit gegen die Heirat. Das Paar kennt sich schon seit 1808 von einem Besuch Elises in Nenndorf bei Hannover. Die jung Verheirateten nehmen eine Wohnung in Berlin.

Elise v. Lützow (Grafik von E. Keubke) und Adolph v. Lützow.

27. Mai - In der Sitzung eines preußischen Kriegsgerichts wird gegen den gefallenen Major v. Schill in einem Konfiskationsverfahren auf Einziehung seines Vermögens zugunsten der General-Invaliden-Kasse und gegen die Leutnants Ulrich August Wilhelm v. Quistorp, August v. Mach, August Heinrich Curt v. Hertel und Karl Wilhelm v. Rochow in Abwesenheit auf die Strafe als Deserteure erkannt, und zwar „*ihre Bildnisse an den Galgen zu nageln und ihr sämtliches gegenwärtiges und zukünftiges Vermögen der General-Invaliden-Kasse als wirkliches Eigentum zuzusprechen*". (Zit. nach: Richard, S. 31)

19. Juli - Tod der Königin Luise auf Schloß Hohenzieritz in Mecklenburg-Strelitz.

1811, *7. Februar* - Lützow wird durch A.K.O. wieder als aktiver Offizier im Range eines Majors in die preußische Armee übernommen. Aktiv verwendet wird er noch nicht. Mit einem jährlichen Wartegeld von 300 Talern hofft er auf eine baldige Verwendung.

19. Juni - Eröffnung des 1. deutschen Turnplatzes auf der Berliner Hasenheide durch Friedrich Ludwig Jahn (1778 - 1852). Eng verbunden mit der frühen Nationalbewegung entwickelt der als „Turnvater Jahn" bezeichnete deutsche Patriot, dann auch einer der ersten Lützower, das Turnen (Leibesübungen und Spiele im Freien) vor allem als Vorbereitung auf den Kampf gegen die napoleonische Fremdherrschaft. Viele in der Turnbewegung organisierte junge Männer treten im Frühjahr 1813 in das Freikorps ein.

16. November - Den zur Galeerenstrafe verurteilten Angehörigen des Schillschen Korps werden ihre Ketten abgenommen.

1812, *1. Januar* - Das Wartegeld Lützows, der der preußischen Gesandtschaft in Kopenhagen zugeteilt ist, wird auf 900 Taler aufgestockt.

24. Februar - Preußen unterzeichnet einen Bündnisvertrag mit Frankreich, nachdem es mit einem Korps von 20 000 Mann Frankreich im Krieg gegen Rußland unterstützt. Das Korps war als 27. Division in das X. Korps des Marschalls Alexandre MacDonald, Herzog von Tarent (1765 - 1840), eingegliedert.

24. Juni - Mit der Überschreitung des Njemen durch die „Große Armee" beginnt Kaiser Napoleon I. den Krieg Frankreichs gegen Rußland vor allem zur Durchsetzung der Kontinentalsperre gegen Großbritannien. Kämpfend ziehen sich die russischen Armeen zurück. Ungeachtet hoher Verluste kann Napoleon die russischen Truppen nicht entscheidend schlagen, weder vor der Einnahme von Wilna und Witebst am 28. Juni bzw. 28. Juli noch in den Schlachten bei Krasnoe (14. August), Smolensk (16. - 18. August), Polozk (17./18. August) und auch nicht bei Borodino (7. September). Auch die Einnahme von Moskau am 14. September bringt nicht den Sieg. Verheerend verläuft der Rückzug der immer schwächer werdenden „Großen Armee". Moskau wird zwischen dem 19. und 23. Oktober geräumt, die Schlacht bei Malojaroslawez am 23. Oktober bringt keinen Erfolg, ebenso nicht die von Wjasma am 3. November. Die Schlacht von Krasnoe (15. - 18. November) geht verloren. Ein Teilerfolg ist noch der gelungene Übergang über die Beresina vom 26. bis 28. November.

4. Dezember - Kaiser Napoleon I. überträgt das Kommando über die Reste der „Großen Armee" seinem Schwager Joachim Murat (1767 - 1815), König von Neapel, und flieht nach Paris. Am 28. Juli 1813 äußert sich Napoleon gegenüber Fürst Metternich, dem österreichischen Minister: *„Schließlich haben sich die Franzosen ... gar nicht so sehr über mich zu beklagen. Ich habe zwar in Rußland 200 000 Mann verloren, darunter 100 000 der besten französischen Soldaten, die ich aufrichtig bedauere. Was aber die übrigen betrifft, so waren es Italiener, Polen und vorwiegend Deutsche!"* (Zit. nach: Eugen Tarlé, Napoleon, Berlin 1966, S. 417.)

30. Dezember - Abschluß der Konvention zu Tauroggen (in der Mühle bei dem nahe der Stadt gelegenen Dorf Poscherun) zwischen dem preußischen Generalleutnant Johann David Ludwig von Yorck (1759 - 1830) und dem russischen Generalmajor Iwan Iwanowitsch Diebitsch (1785 - 1831; eigentlich Hans Karl von Diebitsch) auf Vermittlung des als Oberstleutnant in die russische Armee eingetretenen Carl von Clausewitz (1780 - 1831) über die Neutralisierung des preußischen Hilfskorps. Das preußische Korps, das unter Marschall Macdonald die Nordflanke im Baltikum gesichert hatte, bezieht zwischen Memel und Tilsit ein neutrales Gebiet. Sollte der König dem nicht zu stimmen, verpflichtet sich das Korps, zwei Monate lang nicht gegen russische Truppen zu kämpfen und erhält das Recht ungehindert abzuziehen.

Ende 1812 - Der Historiker, Dichter und Publizist Ernst Moritz Arndt (1769 - 1860) verfaßt in Rußland im Auftrage Steins zwei Schriften mit folgenden Titeln: „Was bedeutet Landwehr und Landsturm?" und „Der Katechismus für den deutschen Kriegs- und Wehrmann". Beide Schriften finden im Frühjahr 1813 eine rasche Verbreitung.

4. Das Freikorps des Majors Adolph von Lützow im Befreiungskrieg 1813/14

<u>1813</u>, *Januar* - Nach Wirksamwerden der Konvention von Tauroggen reicht Generalleutnant v. Scharnhorst eine Denkschrift ein, wohl wissend, daß ein Krieg mit Frankreich unvermeidbar war. Diese berücksichtigt unter anderem auch die Aufstellung von Freikorps. So schreibt der General: *„Es wird von der größten Wichtigkeit sein, namentlich Sachsen am linken Ufer der Elbe, sowie Thüringen, Niedersachsen und Westfalen mit mehreren Streifkorps zu überschwemmen."* (Zit. nach: Fritz von Jagwitz, Geschichte des Lützowschen Freikorps, Berlin 1882, S. 8)

25. Januar - Übersiedlung des Königs Friedrich Wilhelm III. von Berlin nach Breslau.

28. Januar - König Friedrich Wilhelm III. verleiht Generalleutnant v. Scharnhorst Kompetenzen, die in späterer Zeit der Kriegsminister, der Chef des Generalstabes der Armee, der General-Inspekteur des Militär-Erziehungs- und Bildungswesens und der General-Inspekteur des Ingenieur- und Pionierkorps und der Festungen jeweils für sich besitzen. Am selben Tag genehmigt der König auf Vorschlag von Scharnhorst die Bildung einer Kommission zur Beschleunigung der Rüstung bestehend aus dem Staatskanzler Karl August v. Hardenberg (1750 - 1822), dem Generalleutnant v. Scharnhorst und Generalmajor Karl Georg Albrecht Ernst v. Hake (1768 - 1835).

Generalleutnant Gerhard Johann David v. Scharnhorst.

3. Februar - Staatskanzler v. Hardenberg unterzeichnet, da in jenen Tagen in der Staatskanzlei die wichtigsten militärischen Angelegenheiten behandelt werden, die „Verordnung wegen der zu errichtenden Jäger-Detachements". In derselben werden die Männer zwischen 17 und 24 Jahren aufgefordert, die vom Dienst befreit und vermögend genug waren, sich selbst zu kleiden und beritten zu machen, in das Heer als Freiwillige einzutreten. Sie sollten Jäger-Detachements bilden, die den aktiven Truppen angegliedert und im leichten Dienst verwendet werden. In der Verordnung heißt es: *„Kein junger Mann, welcher jetzt 17 Jahr erreicht, und noch nicht das 24. Jahr zurückgelegt hat, und in keinen aktiven Königlichen Diensten steht, kann, wenn der*

Krieg fortgesetzt werden sollte, zu irgend einer Stelle, einer Würde, einer Auszeichnung (eines Ordens usw.) kommen, wenn er nicht ein Jahr bei aktiven Truppen, oder in diesen Jäger-Detachements gedient hat. Hiervon sind nur diejenigen ausgenommen, deren Körper solche Gebrechen haben, welche sie zum aktiven Militärdienste unbrauchbar machen, oder die einzigen erwachsenen Söhne einer Witwe, deren häusliche Verhältnisse und Erhaltung den Beistand des Sohnes erfordern." (Zit. nach Urkundliche Beiträge und Forschungen zur Geschichte des Preußischen Heeres. Herausgegeben vom Großen Generalstabe, Kriegsgeschichtliche Abteilung II, Sechster Band. Das Preußische Heer der Befreiungskriege. Zweiter Band: Das Preußische Heer im Jahre 1813, Berlin 1914, S. 382)

9. Februar - Die Befreiung vom Militärdienst wird per Verordnung aufgehoben. Ab jetzt wird es eine Ehre, zu dienen. Reichtum und Bildung gaben nicht mehr die Mittel, sich dem Dienste entziehen zu können.
Generalleutnant v. Scharnhorst beauftragt Major v. Lützow, die Bildung eines Freikorps zu beantragen. In Zusammenarbeit mit den Majoren v. Helden-Sarnowsky und v. Petersdorff richtet er folgende Bitte an den König: *„Vom reinsten Eifer und Vaterlandsliebe durchdrungen, haben sich Männer aneinander geschlossen, deren Anhänglichkeit an Euer Königlichen Majestät Allerhöchste Person nur den einstimmigen Wunsch erzeugt, nach allen ihren Kräften für das Wohl des Staates und ihres Monarchen beitragen zu dürfen.*
Euer Königlichen Majestät Allerhöchste Befehl vom 3. d. Mts. zur Errichtung der Jäger-Detachements bei den Infanterie-Bataillonen und Kavallerie-Regimentern werden bei dem herrschenden Patriotismus der Allerhöchsten Erwartung in jenem Zwecke entsprechen; jedoch sind Männer, die nicht in jene Kategorie gehören, gleichfalls von dem höchsten Eifer beseelt, für das Wohl des Staates mit eintreten zu dürfen und haben uns aufgefordert, Euer Königliche Majestät alleruntertänigst zu bitten, Allergnädigst die Erlaubniß zu ertheilen, sich zu besonderen leichten Korps, ganz nach den Allerhöchsten Bestimmungen vom 3. d. Mts. zu vereinigen und Allergnädigst nachzugeben, daß dies Korps sich mit Ausländern vermehren, auch junge Männer, die es vorziehen möchten, unbeschadet der Errichtung der Jäger-Detachements, in sich aufzunehmen, die jedoch sich selbst vorschriftsmäßig kleiden und remontiren müssen. Die Organisation dieses Korps würden in Eurer Königlichen Majestät Dienst gestandene, gegenwärtig außer Aktivität sich befindende Offiziere übernehmen, damit keiner der Aktiven der Armee entzogen werde. Die wir in tiefster Devotion ersterben Euer Königlichen Majestät alleruntertänigste Knechte." (Zit. nach: Jagwitz, S. 12 f.)

10. Februar - Nachdem am 3. Februar die Bekanntmachung in Betreff des zu errichtenden Jägerdetachements unterschrieben war, melden sich so viele Freiwillige, vor allem ältere Jahrgänge, das man die Altersgrenze von 24 Jahren fallenlassen muß. Auch den aktiven Staatsbeamten ist der Eintritt zu gestatten.

12. Februar - Befehl zur Mobilmachung der pommerschen und schlesischen Truppen.

18. Februar - Errichtung des Lützowschen Freikorps. Nach dem Eingang des Bittgesuches erhält die Kommission zur Beschleunigung der Rüstung den Auftrag, sich mit den Bittstellern in Verbindung zu setzten, um weitere Details abzusprechen. Nachdem die Kommission beim König vorgetragen hat, erläßt dieser folgende Ka-

binettsorder: „*Ich ertheile Ihnen auf Ihr Schreiben vom 9. d. Mts. sehr gern die Erlaubniß, ein Freikorps unter folgenden, von Ihnen vorgeschlagenen Bedingungen zu errichten, nämlich:*
1. daß Sie die Mannschaften selbst durch Freiwillige, vorzüglich von Ausländern, anwerben, einkleiden und remontiren, von Seiten des Staates also nichts geliefert wird, als die Waffen für diejenigen, welche sich selbst keine brauchbaren Büchsen und Kavallerie-Seitengewehre anschaffen können;
2. daß Sie die Besoldung nur immer für den gegenwärtigen Bestand verlangen und nicht eher eine zweite Kompagnie oder Eskadron zu errichten anfangen, als bis die erste vollzählig ist;
3. daß Sie, wenn Ihr Korps nicht zu der Stärke kommen sollte, um es für sich gebrauchen zu können, dasselbe zu den Bataillonen oder Kavallerie-Regimentern, gleich den Jäger-Detachements, verteilen wollen;
4. willige Ich ein, daß das Korps, gleich den leichten Truppen, außer der Linie gebraucht, und schwarze Montirung, jedoch nach Ihnen noch zu gebenden Vorschrift trage und
5. genehmige Ich, daß verabschiedete untadelhafte Offiziere, vorzüglich aus dem Auslande, zur Anstellung bei dem Korps Mir in Vorschlag gebracht werden dürfen.
Sie werden sich durch den Eifer, welchen Sie auf die Zusammenbringung dieses Korps verwenden, ein Verdienst um das Vaterland erwerben, und Ich fordere Sie um so mehr auf, alles aufzubieten, um Ihr Vorhaben auszuführen, da ich Mir versprechen darf, daß das Korps unter Ihrer Führung sehr nützliche Dienste leisten wird." (Zit. nach: Jagwitz, S. 14 f.)

Das Korps erhält die amtliche Bezeichnung: „Königlich Preußisches Freikorps".
Die schwarze Uniformfarbe wird zum Großteil aus praktischen Gründen gewählt. Die verschiedenfarbigen vorhandenen Kleidungsstücke lassen sich am besten schwarz färben. Die Uniform des Korps besteht aus einer kurzen, dem Waffenrock entsprechenden Litewka mit zwei Reihen Knöpfen besetzt. Kragen, Aufschläge und Achselklappen, gleichfalls von schwarzem Tuch, haben eine schmale Einfassung von rotem Tuch, die vorstoßartig rings an den erwähnten Uniformteilen angebracht ist. Die Offiziere des Korps tragen Kragen und Aufschläge von schwarzem Samt und statt der Epauletten silberne Litzen, die den äußeren Rand der ganzen Achselklappe einfassen. Die Volontärofficiere tragen die Litzen in Gold. Oberjäger führen eine silberne Tresse quer über die Mitte der Achselklappe. Die Kopfbedeckung, ein schwarzer Tschako mit Agraffe und schwarzem, seitwärts herabfallenden Haarbusch, gleicht dem des Schillschen Korps.

Das Siegel des Freikorps Lützow.

Als Aufstellungsorte werden die Stadt Zobten sowie die Dörfer Rogau und Rosenau bestimmt. Da der Major v. Sarnowsky in den Generalstab versetzt wird, kümmert sich Lützow selbst um die Aufstellung der Kavallerieeinheiten. Die Infanterie wird durch Major v. Petersdorff organisiert. Eines der bekanntesten Werbebüros befindet sich in Breslau, das Gasthaus „Zum Goldenen Zepter". Der preußische Staat kann nur mit 200 Gewehren bei der Aufstellung unterstützen. An freiwilligen Spenden kommen insgesamt 37 370 Taler für das Lützower Freikorps zusammen. Das Korps findet raschen Zuspruch, so melden sich am 21. Februar bereits 91 Freiwillige und am 23. Februar mehr als 130.

Das Werbebüro des Freikorps Lützow im „Gast-Hof zum goldenen Zepter" in Breslau.

23. Februar - Generalleutnant v. Scharnhorst erwirkt den Etat für das Freikorps, der über Generalmajor v. Hake an Lützow weitergegeben wird. Er beträgt bei der Infanterie wie bei einer Volontär-Jäger-Kompanie 15 Oberjäger, drei Hornisten, 183 Jäger, zusammen 200 Mann. Der Etat einer Eskadron umfaßt wie bei einer Volontär-Jäger-Eskadron 15 Oberjäger, drei Trompeter, 132 Jäger, zusammen 150 Mann.

24. Februar - Erhebung von Teilen der Hamburger Bevölkerung, die zunächst gegen den Abtransport von zum Militärdienst Ausgehobenen und öffentlichen Geldern gerichtet ist, dann sich auf nahezu das gesamte Gebiet der 32. französischen Militärdivision zwischen Weser und Elbe ausdehnt.

28. Februar - Preußen und Rußland schließen in Kalisch ein Bündnis gegen Frankreich.

1. März - Lützow erhält ein besonderes Patent als „Major und Eskadronchef bei dem von ihm errichteten Freikorps".

4. März - Die erste Kompanie der Infanterie des Freikorps ist aufgestellt, eine zweite sowie die erste Eskadron der Kavallerie folgen am 9. März.

10. März - Stiftung des „Eisernen Kreuzes". Der Orden wird im Verlauf des Krieges die alten Auszeichnungen ersetzen. Das wirklich Neue ist aber, daß er an alle Soldatengruppen verliehen werden kann und nicht der Stand des Beliehenen entscheidet, sondern die erbrachte Leistung.

12. März - Die französischen Truppen unter Divisionsgeneral Jean François-Claude Carra Saint-Cyr (1760 - 1834) verlassen Hamburg.

15. März - Zar Alexander I. von Rußland trifft in Breslau ein.

16. März - Kriegserklärung Preußens an Frankreich.

17. März - Mit dem Aufruf „*An Mein Volk*" wendet sich König Friedrich Wilhelm III., getrieben von den Umständen, direkt an sein Volk. Die Preußen sollen für „*Vaterland und König*" kämpfen und Opfer bringen. Unter dem gleichen Motto steht die Verordnung über die Organisation der Landwehr. „*Mit Gott für König und Vaterland*" lautet die Aufschrift der auf den Mützen zu tragenden Embleme. In der Landwehr werden Teile der Ideen Scharnhorsts und Gneisenaus zur Volksbewaffnung umgesetzt. Am selben Tag ergeht auch der Aufruf des Königs „*An Mein Kriegsheer!*".

Das Eiserne Kreuz II. Klasse.

18. März - Die dritte Kompanie der Infanterie des Freikorps ist aufgestellt. Ihr folgt einen Tag darauf die vierte Kompanie. Aufgrund der schnellen Fortschritte bei der Bildung des Korps kann die Mobilmachung der drei ersten Kompanien und der ersten Eskadron und am 20. März auch der vierten Kompanie ausgesprochen werden. Diese Einheiten sind somit einsatzbereit. Die zweite Eskadron vervollständigt ihren Bedarf an Pferden später auf dem Marsch. Schwierigkeiten bestehen bei der Bewaffnung des Korps. Die „Büchsenjäger" - Freiwillige, die sich selbst ausgerüstet haben - führen zwar alle eine Büchse oder ein Gewehr, jedoch mit sehr unterschiedlichen Kalibern. Die „Flintenjäger"- Freiwillige, die durch das Korps ausgerüstet werden - können anfangs noch nicht alle mit Gewehren ausgerüstet werden.

20. März - Die Kriegserklärung an Frankreich und das Bündnis mit Rußland werden bekanntgemacht.

22. März - Eine Kabinettsorder zur weiteren Ergänzung der Bekanntmachung in Betreff des zu errichtenden Jägerdetachements lautet: *„Ich will den Männern, welche sich den Jünglingen des Volks anschließen und ihnen ein erhebendes Beispiel geben, auch ein äußeres Zeichen dieser Anerkennung bewilligen und habe daher festgesetzt, daß alle Besitzer größerer Landgüter und Staatsdiener, welche Räthe sind oder doch den Rang derselben haben, bei ihrem Eintritt in die Armee als Freiwillige die Offizieruniform derjenigen Jägerabtheilung, die sie wählen (jedoch nur mit den Achselklappen der Jäger) tragen, alle anderen Männer aber, welche das Gesetz von der Verpflichtung zum Kriegsdienst ausschließt, und welche sich ihm dennoch widmen, das Offizierportepee erhalten sollen."* (Zit. nach: Jagwitz, S. 26)

23. März - Schweden tritt dem Bündnis Preußen-Rußland gegen Frankreich bei.

27. März - Die feierliche Einsegnung des Freikorps findet in der Kirche von Rogau statt. Der junge, aber bereits sehr bekannte Dichter Carl Theodor Körner (geb. am 23. September 1791), von Anbeginn im Korps, schildert seinen Eindruck in einem Brief vom 30. März so: *„Eine große herrliche Stunde habe ich am Sonnabend verlebt. Wir zogen in Parade aus Zobten nach Rogau, einem lutherischen Dorfe, wo die Kirche zur feierlichen Einsegnung der Freischaar einfach aber geziemend ausgeschmückt war. Nach Absingung eines Liedes, das Ihr Freund (Körner - d. Verf.) zu der Gelegenheit verfertigt hatte, hielt der Prediger des Ortes, Peters mit Namen, eine kräftige, allgemein ergreifende Rede. Kein Auge blieb trocken. Zuletzt ließ er uns den Eid schwören: für die Sache der Menschheit, des Vaterlandes und die Religion*

Einige Waffen der Lützower.

weder Gut noch Blut zu schonen, und zu siegen oder zu sterben für die gerechte Sache; wir schwören! - Darauf warf er sich auf die Kniee und flehte Gott um den Segen für seine Kämpfer an. Bei dem Allmächtigen! Es war ein Augenblick, wo in jeder Brust die Todesweihe flammend zuckte, wo alle Herzen heldenmüthig schlugen. Der feierlich vorgesagte und von Allen nachgesprochene Kriegseid, auf die Schwerter der Offiziere geschworen, und 'Ein feste Burg ist unser Gott' machte das Ende der herrlichen Feierlichkeit, die zuletzt noch mit einem donnernden Vivat!, das die Krieger der deutschen Freiheit ausbrachten, gekrönt wurde, wobei alle Klingen aus der Scheide flogen und helle Funken das Gotteshaus durchsprühten." (Zit. nach: Jagwitz, S. 29)

Die Einsegnung des Freikorps Lützow in Kirche zu Rogau.

28. März - Marsch des Freikorps nach Leipzig in einer Stärke von 900 Mann Infanterie und 260 Reitern über Striegau, Jauer (29./30.3.), Goldberg (31.3.), Löwenberg (1./2.4.), Lauban (3.4.), Radmeritz (4./5.4.), Löbau (6.4.), Bautzen (7./8.4.), Bischofswerder (9.4.), Dresden (10. - 12.4.), Tanneberg (13./14.4.), Waldheim (15.4.) und Grimma (16.4.).

Das Korps gliedert sich in ein Musketierbataillon, je eine Husaren- und Ulaneneskadron, ein freiwilliges Jägerdetachement zu Fuß und ein Reitendes Jägerdetachement.

8. April - König Friedrich Wilhelm III. schreibt an den Staatsrat Heinrich Graf Dohna-Wundlaken, bald darauf Angehöriger des Freikorps Lützow, in bezug auf eine Truppenfahne: „*Dem von Lützowschen Freikorps die unter den patriotischen Geschenken bei Ihnen eingegangene Fahne nach Ihrem Antrage v. 29. v. M. zu verleihen, muß Ich Bedenken nehmen, da ich noch keine, von den neu errichteten und zum Teil auch schon ins Feld marschierten Bataillonen und anderen Truppenteilen Fahnen bewilligt habe. Außerdem weicht die Form der obenbemeldeten sehr von der Form*

derjenigen ab, welche von Mir gegeben werden." (Zit. nach: Lützowsches Familienblatt, 2. Band 1928, Nr. 20, S. 171)

16. April - Der älteste überlieferte Rapport zeigt diese Stärke der Infanterie des Korps an:

I. Komp.	4 Offiziere	15 Oberjäger	3 Hornisten	182 Jäger	1 Chirurg
II. Komp.	3 Offiziere	15 Oberjäger	3 Hornisten	182 Jäger	-
III. Komp.	-	15 Oberjäger	3 Hornisten	182 Jäger	-
zus.:	7 Offiziere	45 Oberjäger	9 Hornisten	546 Jäger	1 Chirurg

17. April - Ankunft in Leipzig und weitere Verstärkung. Der frühere Rittmeister Friedrich v. Bismarck führt dem Korps eine Eskadron Freiwilliger zu. Er wird am 8. Mai als Sekondeleutnant beim Freikorps angestellt. Schon in Dresden sind dem Korps ungefähr 500 Männer beigetreten. Aus diesen und einer weiteren Verstärkung wird ein zweites Bataillon Infanterie unter Führung des Premierleutnants v. Seydlitz aufgestellt.

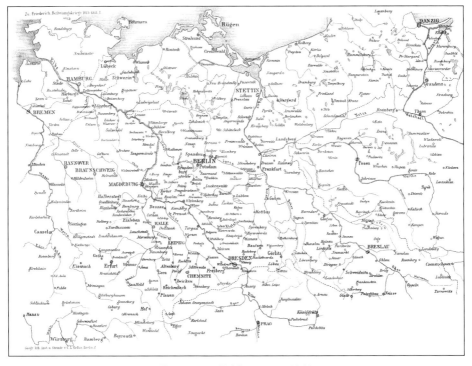

Karte zum Feldzug von 1813.

21. April - Das Gesetz über den Landsturm wird erlassen.

23. April - Ganz nach Scharnhorsts Ideen erteilt General der Kavallerie v. Blücher, dem das Freikorps unterstellt wurde, an Lützow den Befehl: *„Wenn es die Umstän-*

de gestatten, Infanterie in einzelnen Abtheilungen in den Harz, Sollinger, Schwalenberger und Lippischen Wald zu werfen und alle Mittel zu ihrer Vergrößerung aufzubieten, mit der Kavallerie umher zu streifen und die Verbindung unter den zerstreuten Infanterie-Abtheilungen zu unterhalten, in jedem Falle aber bemüht zu sein, dem Feinde auf seinen Flanken und im Rücken beschwerlich zu fallen." (Zit. nach: Jagwitz, S. 44)

Das Korps gliedert sich in das 1. Bataillon mit seinem Jägerdetachement, das neuerrichtete Jägerdetachement, die 1. und 2. Husareneskadron, die Ulaneneskadron sowie das als vollständige Eskadron formierte Detachement der freiwilligen Jäger zu Pferde.

Lützows Freischar vor dem Kampf.
Reproduktion des Gemäldes von Arthur Kampf um 1900.

24. April - Theodor Körner legt sein zwölftes, sicher bekanntestes Kriegslied „Lützows wilde, verwegene Jagd" vor. Es erscheint erstmals nach der Schlacht von Leipzig (16. - 19. Oktober 1813) als „Zwölf freie deutsche Lieder". Die dramatisch schwungvolle Melodie des auch heute immer noch von Männerchören gesungenen Liedes komponiert 1814 Carl Maria Friedrich Ernst von Weber (1786 - 1826). Der Text lautet:

> *„Was glänzt dort vom Walde im Sonnenschein?*
> *Hör´s näher und näher brausen.*
> *Es zieht sich herunter in düstern Reih´n,*
> *Und gellende Hörner schallen darein*
> *Und erfüllen die Seele mit Grausen.*
> *Und wenn ihr die schwarzen Gesellen fragt:*
> *Das ist Lützows wilde, verwegene Jagd.*

Was zieht dort rasch durch den finstern Wald
Und streift von Bergen zu Bergen?
Es legt sich in nächtlichen Hinterhalt -
Das Hurra jauchzt und die Büchse knallt,
Es fallen die fränkischen Schergen.
Und wenn ihr die schwarzen Jäger fragt:
Das ist Lützows wilde, verwegene Jagd.

Wo die Reben dort glühen, dort braust der Rhein,
Der Wüt´rich geborgen sich meinte,
Da naht es schnell mit Gewitterschein
Und wirft sich mit rüst´gen Armen hinein
Und springt ans Ufer der Feinde.
Und wenn ihr die schwarzen Schwimmer fragt:
Das ist Lützows wilde, verwegene Jagd.

Was braust dort im Thale die laute Schlacht,
Was schlagen die Schwerter zusammen?
Wildherzige Reiter schlagen die Schlacht,
Und der Funke der Freiheit ist glühend erwacht
Und lodert in blutigen Flammen.
Und wenn ihr die schwarzen Reiter fragt:
Das ist Lützows wilde, verwegene Jagd.

Wer scheidet dort röchelnd vom Sonnenlicht,
Unter winselnde Feinde gebettet?
Es zuckt der Tod auf dem Angesicht;
Doch die wackern Herzen erzittern nicht,
Das Vaterland ist ja gerettet!
Und wenn ihr die schwarzen Gefall´nen fragt:
Das war Lützows wilde, verwegene Jagd.

Die wilde Jagd und die deutsche Jagd
Auf Henkersblut und Tyrannen!
Drum, die ihr uns liebt, nicht geweint und geklagt!
Das Land ist ja frei, und der Morgen tagt,
Wenn wir´s auch nur sterbend gewannen!
Und von Enkeln zu Enkeln sei's nachgesagt:
Das war Lützows wilde, verwegene Jagd."

Am gleichen Tag geht eine Kavallerieabteilung unter Rittmeister v. Bornstädt als Vortrupp auf den Weg Richtung Eisleben.

25. April - Das Freikorps folgt dem Vortrupp in Stärke von 1 000 Mann Infanterie und 340 Pferden. Der Stamm des 2. Bataillons rückt nach Meissen. Hier erhält der Leutnant Jahn den Auftrag von Generalleutnant v. Scharnhorst, den fertig ausgerüsteten und ausgebildeten Teil dem Korps nach zu führen. Seydlitz erhält den Auftrag, die weitere Formation des 2. Bataillons in Schweidnitz zu befehligen.

26. April - Im Biwak bei Schkopau erreichen Lützow die Meldungen, daß der Vizekönig von Italien am 25. April sein Hauptquartier in Mansfeld hatte und seine Truppen im Marsch auf Halle und Merseburg sind und daß das Korps Ney im Süden aus Richtung Kösen im Anmarsch ist. Damit war der direkte Zugang zum Harz verwehrt. Lützow entscheidet sich daraufhin Richtung Norden auszuweichen und hinter dem Rücken des Feindes in den Harz zu gelangen.

27. April - Gewaltmarsch bis Klepzig, östlich von Halle. Hier geht die Meldung ein, daß die leichten Korps des Generalmajors v. Dörnberg und Generalmajor Alexander Iwanowitsch Tschernyschew (1779 - 1857) in Hannover stehen, sowie das das linke Saaleufer von den Verbündeten geräumt worden ist. Lützow entschließt sich bei Ferchland, den Übergang über die Elbe in den Rücken des Feindes zu versuchen

28. April - Abmarsch Richtung Ferchland über Dessau, Zerbst (30.04.) weiter über Lohburg ins Biwak in der Gegend von Theeßen und Stresow (1.05.) nach Genthin.

29. April - Marschall Marschall Louis-Nicolas Davout, Herzog von Auerstedt, Fürst von Eckmühl (1770 - 1823) übernimmt den Oberbefehl der französischen Truppen an der Niederelbe und beauftragt Divisionsgeneral Dominique Joseph Vandamme (1770 - 1830), Hamburg wieder einzunehmen.

2. Mai - Eintreffen in Genthin. Ein Übergang über die Elbe bei Ferchland ist nicht möglich. Zu starke Feindgruppierungen stehen jenseits des Flusses, wie eine Rekognoszierung durch Lützow selbst ergab.
Die Schlacht von Großgörschen in der Nähe Leipzigs endet zwar mit einer Niederlage der Verbündeten Preußen und Russen, doch nicht mit ihrer Zerschlagung. Generalleutnant v. Scharnhorst erleidet eine Schußverletzung am linken Knie, an der am 28. Juni 1813 in Prag stirbt.

3. Mai - Weitermarsch Richtung Lenzen über Wust und Schmetzdorf nach Havelberg. Bei Lenzen soll ein neuer Versuch, über die Elbe zu setzten, gestartet werden. Rittmeister von Bornstädt wird mit 100 Mann Kavallerie bei Sandau über die Elbe geschickt mit dem Auftrag, aufzuklären und sich mit dem Korps nach dessen Übergang wieder zu vereinigen.

5. Mai - Havelberg wird erreicht. Die Lützower legen einen Ruhetag ein. Hauptmann Staak wird mit einer Kompanie dem Korps voraus nach Lenzen in Marsch gesetzt. Er soll den Übergang vorbereiten.

7. Mai - Das Korps erreicht Perleberg. Lützow erhält die Nachricht von der Schlacht bei Großgörschen und dem Rückzug der Verbündeten. Generalleutnant Ludwig von Wallmoden-Gimborn (1769 - 1862), Befehlshaber eines gemischten Korps aus russischen, englischen, schwedischen und Mecklenburg-Schweriner Truppen und seit dem 16. April in der Festung Dömitz, fordert Lützow auf, bei Dömitz über die Elbe zu gehen und sich mit ihm zu verbinden, da Marschall Davout mit starken Kräften auf Hamburg marschiert, das Wallmoden schützen will. Lützow muß sich jetzt entscheiden, Blüchers Befehl vom 23. April, nach Scharnhorsts Ideen Infanterie in einzelnen Abteilungen in den Harz sowie in den Sellinger, Schmalenberger und Lippschen Wald zu werfen und mit der Kavallerie umherzustreifen und die Verbindung

Generalleutnant Ludwig von Wallmoden-Gimborn.

unter den zerstreuten Infanterieabteilungen zu halten, weiter auszuführen oder den Aufforderungen Wallmodens zu folgen. Den letztendlichen Ausschlag für Wallmoden geben die Meldungen der Aufklärung durch Rittmeister v. Bornstädt. Bei Lüderitz zwischen Tangermünde und Gardelegen steht der Divisionsgeneral Armand Philippon (1761 - 1836) mit etwa 5 000 Mann und der Divisionsgeneral Horace-François Sebastiani (1772 - 1851) mit 7 000 Mann bei Salzwedel. Damit ist auch hier der Weg in den Harz versperrt. Trotzdem behält Lützow seinen ursprünglichen Befehl im Auge. Er schickt Reitertrupps (30 bis 50 Pferde) unter Führung der Leutnants v. Kropff, v. Aschenbach, v. Holleben und Obermann über die Elbe, um dort die Erhebung vorzubereiten und Rekruten zu gewinnen.

8. Mai - Major v. Lützow trifft in Dömitz ein, wo ihn Wallmoden auffordert, mit dem Gros seines Freikorps hierher zu marschieren.

10. Mai - Die Lützower erreichen die Festung Dömitz und überschreiten am folgenden Tag die Elbe mit Hilfe einer Pontonbrücke und beziehen Biwak beim Jagdschloß Göhrde. Lützow unterstellt sich und sein Korps dem Generalmajor v. Dörnberg. Dieser hat den Auftrag, auf Lüneburg vorzugehen, um dadurch das Korps Davout auf der Flanke zu binden. Damit hofft Wallmoden, das Vorgehen der Franzosen auf Hamburg zu stoppen.

12. Mai - Gefecht an der Göhrde. Bei Tagesanbruch schickt der General das II. Bataillon der Lützowschen Infanterie nach Hitzacker zur Deckung seiner rechten Flanke. Die anderen Truppen (die übrigen Teile des Freikorps, das pommersche Füsilierbataillon von Borcke, drei Kosaken-Regimenter und zwei Geschütze) gehen entlang der Poststraße nach Lüneburg vor. Nachdem der Marsch begonnen hat, melden die aufklärenden Kosaken etwa zwei französische Bataillone Infanterie und 60 bis 70 polnische Ulanen im Anmarsch von Oldendorf. Daraufhin beschließt Dörnberg, den Angriff des Feindes abzuwarten und stellt seine Truppen wie folgt auf: links der Straße nach Dalenburg bis zum Rande des Göhrde-Waldes steht die Infanterie, am ganz linken Flügel die beiden Geschütze und rechts der Straße die Kavallerie des Freikorps.
Nach einem kurzen Tirailleurgefecht geht die feindliche Infanterie zum Angriff über. Dieser wird mit Unterstützung der Artillerie abgewiesen. Zur selben Zeit versucht Lützow selbst, mit seiner Kavallerie den Feind rechts zu umgehen. Das gelingt aber nur weit ausholend über Lüben, da der Lübener Bach zwischen Poststraße und Lübben nicht gangbar war. Dadurch kann die französische Infanterie mit wenig Verlusten den Ort Oldendorf erreichen. Die polnischen Ulanen können allerdings gefangengenommen werden.
Das Freikorps hat nur vier Verletzte und ein totes Pferd zu verzeichnen. 50 erbeutete Infanteriegewehre werden den Lützowern zugesprochen.

Dörnberg nimmt keine Verfolgung des Gegners vor, sondern befiehlt den Rückzug hinter die Elbe, da er seine Kräfte als zu schwach ansieht. Lützow läßt eine Eskadron unter Leutnant Obermann auf der linken Elbeseite.

13. Mai - Lützow erhält in Eldena von Generalleutnant von L'Estocq, dem Militärgouverneur zwischen Elbe und Oder, den Befehl, nach der Prignitz zurückzukehren. Das Freikorps soll mit den neuaufgestellten Landwehrformationen diesen Landstrich sichern.

15. Mai - Das Korps trifft wieder in Perleberg ein. Lützow erhält die Information, daß Generalleutnant Friedrich Wilhelm v. Bülow (1755 - 1816), Kommandierender des 3. Armeekorps, die Landwehrtruppen zum Schutz Berlins in sein Korps aufgenommen hat. Aufgrund dieser Lage entschließt sich Lützow, die Infanterie Generalleutnant L'Estocq zu unterstellen, aber mit der Kavallerie den ursprünglichen Bestimmungen entsprechend zu handeln, d. h. in den Rücken des Feindes zu gehen und die Altmark durchstreifen zu lassen. Die Infanterie verbleibt unter Major v. Petersdorff bis zum 18. Mai in Perleberg.

17./18. Mai - Über Wittenberge, Wilsnack, Sandow, Schönhausen und Jerichow wird Ferchland erreicht und dort die Elbe überquert. Leutnant Obermanns Eskadron erreicht Seehausen.

19. Mai - Lützow erreicht Stendal und Petersdorff mit der Infanterie Plattenburg. Ein Aufruf Lützows, der die westfälische Behörde für abgesetzt erklärt und dem im Freikorps als Volontäroffizier dienenden Staatsrat Heinrich Graf Dohna-Wundlaken die Verwaltung der Altmark überträgt, findet keine große Resonanz.
Dänische Truppen, die am 11. Mai in Hamburg zur Verteidigung der Stadt eingerückt waren, verlassen diese wieder, um auf Seiten der Franzosen zu Angreifern zu werden. Zuvor hatten Preußen und Rußland die Ansprüche Schwedens auf Norwegen gegenüber Dänemark anerkannt, so daß diesem nur ein Bündnis mit Frankreich bleibt.

20. Mai - Die Infanterie erreicht Havelberg. Bei Bautzen stellen sich die Verbündeten erneut Napoleon zur Schlacht. Bis zum 21. Mai wird gekämpft, die Verbündeten müssen, allerdings geordnet, erneut vor den Truppen Napoleons weichen.

28. Mai - Bei Stendal sind alle Reitertrupps wieder mit den Kavalleriehauptkräften vereinigt. Lützow entschließt sich, ohne die langsame Infanterie, die ja unter Major v. Petersdorff bei Havelberg steht, einen Streifzug Richtung Thüringen und Ansbach-Bayreuth zu unternehmen. Späher, die Lützow in diese Gegenden geschickt hat, berichten über günstige Verhältnisse.
Die Kavallerietruppe setzt sich wie folgt zusammen: Rittmeister v. Bornstädt als Führer der Freikorpsabteilung, die 1. Eskadron Husaren unter Premierleutnant v. Helden-Sarnowsky, die 2. Eskadron Freiwilliges Jäger-Detachement unter Premierleutnant v. Aschenbach, die 3. Eskadron Ulanen unter Premierleutnant v. Kropff und die 4. Eskadron Husaren unter Sekondeleutnant v. Bismarck. Weiter gehören 50 Kosaken und russische Husaren unter einem Kosakenoffizier dazu. Major von Lützow handelt als Detachementsführer, ihm wird Leutnant v. Oppeln-Bronikowski als Adjutant zugeteilt. Theodor Körner, Volontäroffizier der Infanterie, bittet, den Streif-

zug mitmachen zu dürfen. Er war mit einer dienstlichen Meldung in Stendal eingetroffen. Die Erlaubnis wird gegeben und Körner dem Major Lützow zugeteilt.

29. Mai - Beginn des Streifzuges nach Hof, der bis zum 8. Juni dauert.

30. Mai - Die Franzosen besetzen Hamburg.

1. Juni - Rußland und Preußen vereinbaren mit Frankreich in Pläswitz nahe Breslau zunächst eine dreitägige Waffenruhe. Ihr folgt am 4. Juni der endgültige Waffenstillstand, kündbar am 20. für den 27. Juli.

2. Juni - Ein Teil der Infanterie des Korps unter Major v. Petersdorff sowie die in Tangermünde durch Rittmeister Fischer neu gebildete 5. Eskadron brechen in Verbindung mit den Truppen des russischen Generals Michail Semjonowitsch Woronzow (1782 - 1856) zu einem Unternehmen gegen Leipzig auf. Die restliche Infanterie hält die Fährstellen an der Elbe vom Sandkruge bis Tangermünde besetzt.

3. Juni - Lübeck wird von französischen und dänischen Truppen besetzt. Damit endet der am 24. Februar in Hamburg begonnene Aufstand gegen die französische Besetzung zunächst mit einer Niederlage.

Major Peter v. Colomb in späteren Jahren.

4. Juni - In Roda nimmt Lützow eine Abteilung Weimarischer Landmiliz gefangen. Dann trifft er mit der Streifschar des Majors Peter v. Colomb (1775 - 1854; Schwager des „alten" Blüchers), zusammen. Mit ihm verabredet er einen Zug nach der böhmischen Grenze, um 2000 Mann Sachsen abzufangen.
Lützow schickt Premierleutnant v. Kropff mit der Ulanenschwadron und etwa 20 Mann Infanterie gegen Hof.

5. Juni - In Schleiz werden 100 Mann Rheinbundtruppen festgesetzt.

6. Juni - Mühltroff im Voigtlande wird erreicht. In der Nähe der Stadt Plauen wird durch die Vorgeschobene Sicherung aus Jägern und Husaren ein französischer Kurier abgefangen. Lützow betritt Mühltroff erst am späten Abend. In der Stadt Plauen wird die Nürnberger-Dresdener Reitende Post beschlagnahmt. Der Postmeister Irmisch führt darüber und vor allem über die Behandlung der Post Klage bei dem Oberpostamt in Leipzig: „ ... *in das Hauptquartier nach Mühltroff transportiert, woselbst sämtliche Briefbeutel und ordinäre Amtspakete eröffnet, untersucht und gestern (7.) Nachmittag um 3 Uhr in der größten Unordnung und Verwirrung zurückgesendet wur-*

den." (Zit. nach: Adolf Brecher, Napoleon I. und der Überfall des Lützowschen Freikorps bei Kitzen am 17. Juni 1813, Berlin 1896, S. 3) Die Beute war beträchtlich: 887 Thaler, 21 Groschen, vier Pfennige. In derselben Nacht wird auch die Reitende Post von Adorf nach Leipzig in Oelsnitz aufgebracht. Hier beträgt die Beute 894 Thaler, 17 Groschen und vier Pfennige.

7. Juni (2. Pfingstfeiertag) - Die Infanterie und die 5. Eskadron des Freikorps treffen über Genthin und Roslau vor Leipzig ein. Die Operationen der Einschließungstruppen um Leipzig müssen kurz vor der Kapitulation der Franzosen aufgrund des Waffenstillstandes eingestellt werden.
Gegen Mittag treffen die Hauptkräfte unter Lützow in Plauen ein. Da die Forderungen des Freikorps nicht erfüllt werden können, begibt Lützow sich zum Rathaus und läßt den Bürgermeister und den Stadtrat arretieren. Auf die Erklärung des Bürgermeisters, daß nicht die Stadt sondern die Kreisdeputation zuständig wären für die Erfüllung, kommen der Bürgermeister und der Stadtrat wieder frei. An ihrer Stelle wird der Chef der Kreisdeputation Herr v. Seckendorf arretiert. Eine beträchtliche Summe aus den Königlichen Kassen, der auf der Post aufgegeben Königlichen Kassengeldern und der ordinären Nürnberger-Dresdener fahrenden Post kann erbeutet werden. Auch hier beschwert sich der Postmeister Irmisch über die Behandlung der Post.
Nach dem Rapport beträgt die Stärke des gesamten Freikorps 3 245 Mann, die sich wie folgt aufteilen:

Infanterie

I. Batl.	5 Offiziere	60 Oberjäger	12 Spielleute	728 Jäger
Jägerkomp.	1 Offizier	9 Oberjäger	2 Spielleute	107 Jäger
II. Batl.	7 Offiziere	30 Oberjäger	6 Spielleute	358 Jäger
III. Batl.	3 Offiziere	65 Oberjäger	15 Spielleute	820 Jäger
Jägerkomp.	1 Offizier	11 Oberjäger	2 Spielleute	107 Jäger
Zusammen	17 Offiziere	175 Oberjäger	37 Spielleute	2 120 Jäger

Kavallerie

1. Eskadron	5 Offiziere	15 Oberjäger	3 Trompeter	132 Jäger	152 Pferde
1. Eskadron	5 Offiziere	15 Oberjäger	3 Trompeter	132 Jäger	152 Pferde
1. Eskadron	5 Offiziere	15 Oberjäger	3 Trompeter	132 Jäger	152 Pferde
1. Eskadron	5 Offizier	15 Oberjäger	3 Trompeter	132 Jäger	152 Pferde
1. Eskadron	5 Offiziere	10 Oberjäger	2 Trompeter	257 Jäger	120 Pferde
Zusammen	25 Offiziere	70 Oberjäger	14 Trompeter	785 Jäger	728 Pferde

In diese Zahlen sind 102 Kranke bei der Infanterie und 38 bei der Kavallerie sowie 68 kranke Pferde eingerechnet. Trotzdem sind es insgesamt 42 Offiziere, 245 Oberjäger, 51 Spielleute bzw. Trompeter und 2 905 Jäger.

8. Juni - Major v. Petersdorff führt die Infanterie und die 5. Eskadron des Freikorps über Genthin nach Havelberg zurück. In Havelberg wird die Vermehrung und Ausbildung der Infanterie betrieben.
Lützow erreicht mit seiner Schar Eichigt, Colomb steht vier Kilometer davon in Ebmath. Hier erreicht die Führer der Streifscharen die Nachricht, daß die Sachsen an anderer Stelle die Grenze bereits überschritten hatten.

Premierleutnant v. Kropff kann am Abend die Vorstädte von Hof einnehmen und dabei einen Offizier und 20 Mann gefangen nehmen.

9. Juni - Oelsnitz wird durch Lützow erreicht. Der Postmeister Vogel führt persönlich Klage bei Lützow über die Wegnahme der Post in der Nacht vom 6. auf den 7. Juni. Da das in einer „dreisten Art und Weise" geschieht und Vogel Lützow der unrechtmäßigen Handlungsweise bezichtigt, ließ dieser ihn festnehmen. Doch in der Vorstadt kann Vogel entweichen.
In den frühen Morgenstunden meldet sich ein bayrischer Parlamentär mit einen Brief des Kommandanten von Hof , Major v. Vincenti, bei Premierleutnant v. Kropff. Darin macht dieser Mitteilung über den geschlossenen Waffenstillstand. Kropff sendet einen Boten an Lützow mit der Nachricht des geschlossenen Waffenstillstandes.

10. Juni - Die Streifschar erreicht Plauen und bricht abends nach Altenfalze auf.

11. Juni - Der von Premierleutnant v. Kropff aus Hof gesendete Bote mit der Nachricht vom Waffenstillstand erreicht Lützow in Plauen, wohin er zurückgekehrt war. Lützow schickt einen Oberjäger nach Dresden mit dem Auftrag, genaue Informationen zum Waffenstillstand einzuholen und den Standort des Hauptquartiers der Verbündeten zu erfahren. Premierleutnant v. Kropff erreicht mit seiner Eskadron und der Infanterie Plauen. Das Korps verbleibt bis zum 15. Juni in Plauen.

13. Juni - Generalleutnant Carl von Gersdorff (1764 - 1829), Chef des Sächsischen Generalstabes, erhält den Auftrag, Lützow zu informieren. Dazu schickt er Kapitain v. Montbé von der sächsischen Schweizer Garde zu Lützow und läßt bei seiner Ehre mitteilen, daß der Waffenstillstand geschlossen ist und Lützow zurückgehen soll. Ein sächsischer Marschkommissar würde das Korps Lützows bis zur Elbe geleiten.

14. Juni - Montbé trifft in Plauen bei Lützow ein. Zum Marschkommissar wird der Subdelegierte des Voigtländischen Kreis, der sächsische Leutnant v. Gößnitz bestimmt. Lützow hätte lieber den Kapitän Montbé in dieser Aufgabe gesehen.

15. Juni - Großbritannien tritt dem Bündnis Preußen-Rußland gegen Frankreich bei. Nachmittags sind die Lützower um Ihren Kommandeur in Plauen auf dem Marktplatz versammelt. Von hier beginnt der Marsch zur Waffenstillstandslinie. Lützow hat sich, entgegen dem Rat des Rittmeisters v. Bornstädt entschieden, den Weg durch Sachsen Richtung Elbe anstelle über das neutrale Böhmen zu nehmen. Somit schlägt das Korps den Weg nach Gera ein. Es nutzt eine Straße, die eher als Feldweg zu bezeichnen ist, aber nicht die alte, aber gut ausgebaute Heerstraße über Zwickau und Chemnitz nach Leipzig. Die Franzosen besetzen alle wichtigen Punkte entlang der alten Heerstraße. Abends erreicht das Korps Langenwetzendorf und geht ins Biwak.

16. Juni - Nach dem frühzeitigen Aufbruch wird noch am Vormittag die Gegend um Gera erreicht. In der von den Franzosen besetzten Stadt wird der Volontär Schmidt festgehalten. Diesen hatte Lützow schon am 13. Juni nach Gera geschickt, um drei französische Gendarmen samt Ausrüstung den Franzosen zu übergeben, um einen Verstoß gegen den Waffenstillstand zu verhindern. Schmidt wird zunächst als Gefangener der Franzosen an der Rückkehr gehindert, doch nach dem Austausch von

Parlamentären und der Regelung des weiteren Ablaufes freigelassen. Das Korps umgeht die Stadt und biwakiert in einem Dorf an der Straße nach Zeitz. Noch in der Nacht zum 17. Juni treffen die Spitzen des Korps auf die Vorposten der Württemberger unter Oberstleutnant v. Kechler.

17. Juni - Überfall bei Kitzen. Morgens gegen 6.00 Uhr schickt Lützow den Marschkommissar v. Gößnitz nach Zeitz. Dieser handelt mit Kechler das weitere Vorgehen aus. Das Korps umgeht Zeitz ohne mit den Württembergern in Berührung zu kommen. Kechler verspricht, das Korps nicht „zu kommodieren" (belästigen). Daraufhin überschreitet das Korps bei Zeitz die Elster und nimmt seinen Weg „immer durch die Felder" und „ohne in ein Dorf zu kommen".

Abends wird Kitzen erreicht. Am östlichen Dorfrand auf einem Anger wird eskadronsweise Biwak bezogen. Lützow nimmt in unmittelbarer Nähe auf dem Gutshof Quartier. Zwischen 6.00 und 7.00 Uhr melden die ausgestellten Feldwachen eine feindliche Reiterabteilung aus Richtung Zeitz. Premierleutnant v. Kropff wird als Parlamentär der Abteilung entgegengeschickt. Wie sich herausstellt, ist es die des Oberstleutnants v. Kechler aus Zeitz. Es findet eine Unterredung zwischen Lützow und von Kechler statt. Dabei äußert von Kechler: *„Der Herzog von Padua lasse den Major von Lützow einladen, Halt zu machen, da er ihm Offiziere senden werde, um seinen weiteren Marsch zu dirigieren."* Weiter sagte er: *„Ich muß noch sagen, daß, wenn er weiter marschieren würde, er sich Feindseligkeiten und Unannehmlichkeiten aussetzen würde, indem noch mehrere Kolonnen von uns in der Gegend herumschwärmen, die den Befehl haben, ihn, wo sie ihn finden, feindlich zu behandeln. Der Herzog von Padua habe zwar bereits Offiziere an die verschiedenen Kolonnen abgeschickt, mit dem Befehl, ihn nicht feindlich zu behandeln, man könne aber nicht wissen, ob diese Offiziere die betreffenden Kolonnen zeitig genug finden würden, es sei daher zu seiner Sicherheit notwendig, den Offizier vom Herzog von Padua abzuwarten, der ihn führen werde."* Kechler gibt sein Ehrenwort, keine Bewegung zu machen ohne Lützow zu informieren. Weiter sagt er: *„Herr Major, was ich mit Ihnen bis daher gesprochen, ist die reine Wahrheit; mein Adjutant hat mir keinen anderen Befehl gebracht, als wie den Auftrag an Sie. Wollte man Sie feindlich behandeln, so hätte ich ja bestimmt Ordre erhalten müssen, Sie zu attackieren; und ich bin meinerseits vollkommen überzeugt, daß man Sie wird ruhig passieren lassen."* (Zit. nach: Brecher, S. 51) Kechler ist an dieser Stelle kein Vorwurf zu machen. Er hatte tatsächlich keine anderen Informationen. Die wirklichen Absichten des Generals Jean Toussaint Arrighi de Casanova, Herzog von Padua (1778 - 1853), der im Auftrag seines Kaisers handelte, waren ihm nicht bekannt.

Aufgrund dieser Informationen schickt Lützow Premierleutnant v. Kropff und den Marschkommissar v. Gößnitz nach Leipzig zum Herzog von Padua. Er will so schnell wie möglich die Begleitoffiziere haben. Zum anderen haben polnische Lanziers zwei Lützower gefangengenommen und ein Pferd erbeutet. Die Gefangenen und das Pferd will Lützow zurück. Kropff wird nach Ankunft in Leipzig gefangengenommen, nach Frankreich gebracht und kam erst nach Friedensschluß 1814 wieder frei. Um 19.30 Uhr werden erneut anrückende Truppen gemeldet. Lützow befiehlt Leutnant v. Oppeln, mit einem Trompeter den Truppen entgegenzureiten. Der Leutnant trifft auf einen württembergischen Parlamentär, der mit Lützow zu sprechen wünscht. Oppeln erkennt in einer geringen Entfernung eine Kolonne verschiedener Truppen, die wie sich herausstellt von dem Generalmajor Karl Friedrich Graf von Normann-Ehrenfels (1784 - 1822) kommandiert wird. Der Parlamentär fordert von Lützow, daß das Korps Richtung Leipzig abmarschieren soll. Normann hätte den Auftrag, das Dorf zu besetzen.

Das löst eine Debatte unter den Führern des Freikorps aus. Bornstädt will mit dem „Säbel in der Faust" eine Aufstellung südwestlich von Kitzen nehmen und einen Rückzug zur Saale gewinnen zu suchen. Lützow will davon nichts wissen und dem Feind keine Gelegenheit geben, den Waffenstillstand zu brechen. Dieser Befehl, gegeben beim Einrücken in das Biwak, wird nochmals ausdrücklich bestätigt. Rittmeister v. Bornstädt erläßt folgenden Befehl: *„Noch einmal und zum letztenmal muß ich es dem Herrn Eskadronchef zur ausdrücklichen Pflicht machen, den Schwadronen laut und vernehmlich bekannt zu machen, daß unter den jetzigen Umständen jede feindselige Handlung an fremden Truppen mit dem Tod bestraft werden muß, auch dann, wenn der von feindlicher Seite Beleidigte, ohne vorher davon Anzeige gemacht zu haben, Gegenfeindseligkeiten ausübt. Die Sache ist zu wichtig, als daß ich nicht mit dem höchsten Ernst darauf bestehen sollte."* (Zit. nach: Brecher, S. 62)

Nachdem der Parlamentär das Biwak verlassen und zu den eigenen Truppen zurückgekehrt ist, ändert Lützow seine Meinung. Er befiehlt den Abmarsch Richtung

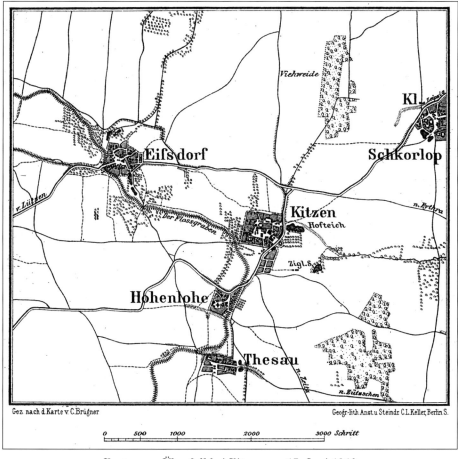

Karte zum Überfall bei Kitzen am 17. Juni 1813.

Leipzig. Er selbst entschließt sich, den feindlichen Truppen entgegenzureiten, um die nötige Aufklärung einzuziehen und seinem Korps Zeit zu verschaffen. Leutnant v. Oppeln, Volontär-Leutnant Körner und zwei Trompeter begleiten den Major.

Körner berichtet, daß auf dem Ritt zu den Württembergern das Pferd des Kommandeurs fehltritt und stürzt. Württembergische Offiziere, die sich in der Nähe befinden, sind beim Aufsitzen behilflich. Der Abmarsch des Korps stockt, da die Lützower den Vorgang beobachteten und ihren Kommandeur nicht im Stich lassen wollen.

Kurz darauf trifft Lützow auf Generalmajor v. Normann-Ehrenfels. Dieser erklärt, nicht der Kommandierende zu sein und verweist Lützow an den französischen General François Fournier-Sarvolese (1773 - 1827), der sich weiter hinten befindet. Nach dem Fournier gefunden ist, verspricht er Lützow mit Ehrenwort, sein Freikorps nicht anzugreifen, wenn es ruhig auf der Straße nach Leipzig abzieht. Lützow schickt v. Oppeln mit dem Auftrag zum Korps zurück, den Marsch, der ins Stocken geraten war, fortzusetzen. Die Marschreihenfolge ist wie folgt: voran die Bagage mit der Kriegskasse, dann die Infanterie, die Kosaken und russischen Husaren, die Ulaneneskadron, die beiden Husareneskadronen, zum Schluß folgte die Jägereskadron. *„Alle Schwerter ruhten in der Scheide."* Der Befehl, den Bornstädt am Anfang des Biwaks gegeben hatte, wird von neuem eingeschärft. Die Spitzen des Freikorps erreichen Klein Schkorlopp. Es ist fast dunkel. Fournier, der *„seine (bzw. die des franz. Kaiser) Felle davon schwimmen sah"*, bringt Generalmajor v. Normann-Ehrenfels durch List dazu, auf die Lützower loszugehen. Am härtesten trifft es die Husaren und die Jäger. Auf der Marschstraße eingezwängt und nicht gefechtsbereit werden sie leichte Beute der württembergischen Reiter und französischen Dragonern. Bis zuletzt glaubt ein Teil der Lützower an einen Irrtum. So der Leutnant v. Oppeln, der den Angreifern fragend zurief: *„Ist im Waffenstillstand Pardon nötig?"* Er wird schnell eines Besseren belehrt. Entwaffnet, wird ihm der Tschako vom Kopf geschla-

Reiterkampf bei Kitzen am 17. Juni 1813.

gen und danach trifft ihn ein weiterer Schlag am Kopf. Ähnlich ergeht es Leutnant v. Holleben. Weniger schwer trifft es die Spitze der Kolonne. Die Ulanen unter den Oberjägern Beczwarzowski, Jenny, Horn und Wetzel I führen sogar einen Gegenangriff, bei dem der schwer in Bedrängnis geratene Kommandeur aus seiner mißlichen Lage befreit werden kann, müssen aber dann der Übermacht des Feindes weichen. Lützow gelingt es, im Schutze der Dunkelheit das Dorf Kitzen zu erreichen. Hier trifft er auf Leutnant v. Reiche, den Führer der Infanterie. Diese war erst auf dem Streifzug aus ausgehobenen Truppen gebildet worden und beim ersten Angriff derart davongelaufen, daß keiner wieder auftaucht. Unter den 20 versammelten Lützowern befindet sich auch der Husar Gebhardt, der Lützow selbstlos sein Pferd überläßt. Er selbst gerät in Gefangenschaft, kommt erst nach dem Frieden 1814 wieder frei und erhält für seine Tat das Eiserne Kreuz. Lützow entscheidet sich dafür, nicht zur Elbe zu fliehen, sonder führt die kleine Schar Richtung Harz.

Nach dem Rapport des Generals Bertrand vom 19. Juni beträgt die Zahl der gefangenen Lützower neun Offiziere und 318 Unteroffiziere und Soldaten. Allerdings sind das nicht nur Gefangene vom Gefechtsfeld. Die Leutnants v. Helden-Sarnowsky und v. Aschenbach, Führer der 1. und 2. Eskadron, waren mit einem Teil ihrer Mannschaften dem Feind entkommen und nach Leipzig geritten. Hier wollten sie Klage bei der höheren französischen Führung führen. Ihnen werden aber sofort die Pferde abgenommen und sie selbst festgesetzt.

Die Verluste sind auf beiden Seiten gering. Fournier gibt seine mit fünf Toten und 25 Verwundeten an. Bei den Lützowern gibt es unterschiedliche Zahlen. Es ist die Rede von bis zu 30 Toten.

Die Leipziger Bürger beweisen Patriotismus. Sie unterstützen die Gefangenen, wo es geht. Über ärztliche Versorgung, Verpflegung bis hin zur Fluchtunterstützung leisten beherzte Bürger Hilfe.

Auch wenn der Verlauf des Überfalls bei Kitzen nicht mehr in Einzelheiten endgültig zu klären ist, ruft das Handeln Kaiser Napoleons I. ungeachtet der Darstellung seiner Sicht im „Moniteur" vom 21. Juni vielfach deutliche Kritik hervor.

18. Juni - Unter der Führung des Oberjägers Beczwarzowski überschreitet die Ulanenschwadron abends zwischen 18.00 und 21.00 Uhr die Elbe bei Vockerode und bringt sich in Sicherheit. Die Eskadron ist die einzige Einheit, die halbwegs geschlossen den Überfall bei Kitzen überstanden hat. Lützow überschreitet oberhalb Merseburgs die Saale. Theodor Körner wird von Kindern eines Groß Zschocher Tagelöhners im Wald gefunden und in dessen Haus gebracht. Den ersten Hieb im Gefecht hatte Körner nicht parieren können. Er traf ihn am Kopf, der zweite verletzte ihn nur leicht. Dank seines Pferdes schaffte er es in den nächsten Wald. Hier half ihm ein Kamerad beim Verbinden der Wunden. Die Legende sagt, daß ihn seine Geistesgegenwart rettet. Als Feinde sich näherten, soll er laut gerufen haben: *„Die vierte Eskadron soll vorrücken!"* Die Feinde stutzten und zogen sich zurück. Nach der Hilfe durch den Tagelöhner gelangt Körner mit Hilfe des Leipzigers Dr. Wendler später nach Karlsbad, wo er sich auskuriert. Über Schlesien und Berlin kommt er zurück zum Lützower Freikorps.

19.-25. Juni - Über verschiedene Stationen (Sangerhausen, Kloster Mansfeld, Sandersleben, Schakenthal, Plötzkau, Roschwitz / Bernburg) gelingt Lützow und seinen Leuten die Flucht über die Elbe am Saalhorn. Unterstützungen finden sie dabei von Major Brauns und Amtsrat Breymann.

20. Juni - Vier „Ranzionierte" (Freigekaufte) treffen in Berlin ein. Es sind die Jäger Friedrich Wilhelm Würtzer, E. F. Klaatsch, Alfred v. Thümmel und Wilhelm v. Sydow. Später kommen noch die Oberjäger Gustav Rütze und Karl Friedrich Materne nach Berlin. Generalleutnant Friedrich Wilhelm v. Bülow läßt die Lützower am nächsten Tag protokollarisch vernehmen.

24. Juni - Die gefangenen Lützower werden auf Befehl Napoleons aus Leipzig in Richtung Mainz abgeführt.

26. Juni - Lützow erreicht in der Nacht Berlin. Hier berichtet er dem General-Gouvernement und vermutlich auch Generalleutnant v. Bülow über die Ereignisse bei und nach Kitzen.

27. Juni - Lützow reist nach Breslau in das Königliche Hauptquartier. Blücher beschwert sich beim König *„über das unerhörte Betragen des Feindes gegen das Lützowsche Korps"* und fordert die sofortige Wiedereröffnung der Feindseligkeiten. Gneisenau rät zur Besonnenheit und von einer Veröffentlichung einer „aktenmäßigen Darstellung" des Überfalles und seiner Vorgeschichte ab. Er schlägt vor, den fünften Artikel der Waffenstillstandskonvention nicht zu erfüllen. Dem stimmt der König zu. Der Artikel besagte, die Festungen Danzig, Modlin, Zamosk, Stettin und Küstrin regelmäßig mit Lebensmitteln zu versorgen. Das Aussetzten der Versorgung führt in der Folge zum schnelleren Fall der Festungen.

28. Juni - Tod des Generalleutnants v. Scharnhorst. Dieser Verlust ist nicht nur allgemein äußerst schmerzlich, sondern wirkt sich auch negativ auf die Verwendung des Lützower Korps aus. Mit dem Tod des Generals büßt es seinen geistigen Vater ein. Die enge Fühlung zwischen Hauptquartier und Korps geht verloren.

20. Juli - Das Freikorps wird mit folgender Kabinettsorder des Königs der Nordarmee unter Befehl von Jean-Baptiste Bernadotte (1763 - 1844), dem früheren Marschall von Frankreich und durch Adoption jetzigen Kronprinzen von Schweden, zugeteilt: *„Ich will Sie mit Ihrem Truppenkorps für jetzt an das 3. Armeekorps anschliessen und trage Ihnen also auf, bis auf weitere Befehle den Anweisungen des Generallieutenants v. Bülow Folge zu leisten."* (Zit. nach: Jagwitz, S. 115)

22. Juli - Schweden tritt dem Bündnis gegen Napoleon bei.

24. Juli - Lützow trifft mit seinem Korps aus Havelberg kommend in der Gegend von Nauen ein.

26. Juli - Der Waffenstillstand, der an diesen Tag enden sollte, wird bis zum 10. August mit sechstägiger Aufkündigung verlängert. Napoleon wird

Jean-Baptiste Bernadotte, schwedischer Kronprinz und Befehlshaber der Nordarmee.

später den Waffenstillstand als seinen größten politischen und militärischen Fehler bezeichnen.

1. August - Der Kronprinz von Schweden besichtigt das Lützowsche Freikorps. Er spricht seine volle Zufriedenheit aus und zeichnet Lützow mit dem Schwert-Orden II. Klasse aus.
Aus den Magazinen von Wismar und Stralsund werden auf Anweisung Bernadottes Waffen und Ausrüstung vor allem an das III. Bataillon und die Ulanen geliefert. Das Bataillon war bei der Besichtigung zum Teil noch mit Piken bewaffnet, bei den Ulanen fehlten Lanzen.

2. August - In einem Immediatenbericht an den König rechtfertigt sich Lützow, warum er nicht nach dem Harz marschiert ist.

4. August - Durch einen erneuten Unterstellungswechsel wird das Freikorps jetzt dem Korps des Generalleutnants von Wallmoden zugeteilt. Dieser entschließt sich, das Freikorps der schwedischen Division des Generalleutnants v. Vegesack anzugliedern.

5. - 9. August - In einem Marsch über Kyritz, Pritzwalk, Neustadt erreicht das Korps Schwerin und erhält dort am 10. August einen Ruhetag.

10. August - Österreich tritt der Koalition gegen Frankreich bei und erklärt diesem am 12. Juli den Krieg..

11./12. August - Marsch der Lützower nach Rehna

13. August - Die Lützower werden durch Wallmoden dem russischen Generalmajor Friedrich Karl von Tettenborn (1778 - 1845) unterstellt. Sie erreichen ihre zugewiesenen Quartiere bei Ratzeburg und Mölln und verlegen am folgenden Tag in die Gegend zwischen Mölln und Zarrentin.

15. August - Das Freikorps bezieht Quartier zwischen Büchen und Boizenburg. Lützow schickt das Depot erst nach Neustadt, dann nach Neubrandenburg. Das Depot besteht in der Regel aus 200 Mann Infanterie und 50 Pferden. Es versorgt das Korps mit Munition, die im Depot angefertigt wird und mit dem Ersatz von ausgebildeten Mannschaften. Es folgt im Herbst 1813 wieder dem Korps auf seinem Vormarsch und geht im Frühjahr mit über den Rhein. Im Juni 1814 wird es aufgelöst.

16. August - Der Waffenstillstand läuft um 24.00 Uhr aus. Das Freikorps Lützow hat die Zeit genutzt und sich vielfach neu geordnet. Seine 2 900 Mann Infanterie formieren sich in drei Bataillone zu je vier Kompanien Musketiere und einem Jägerdetachement. Das II. Bataillon hat an Stelle einer Musketier- eine Tiroler Jägerkompanie. Diese ist von den Leutnants Jakob Riedl und Joseph Ennemoser, beide waren 1809 Mitkämpfer von Andreas Hofer, gebildet worden. Ihre Kämpfer sind nicht schwarz gekleidet, sondern tragen ihre Nationaluniform aus einem grauen Anzug mit grünen Aufschlägen und den runden, aufgeschlagen Hut. Die 600 Reiter der Kavallerie formieren sich zu fünf Eskadronen: die 1. und 3. Eskadron Ulanen, die 2. Jäger und die 4. und 5. Husaren. Von den acht Geschützen der Artillerie bilden vier metalle 3-Pfünder und eine 7-pfündige Haubitze eine Reitende Batterie sowie drei eiserne 2-pfündige Geschütze und ein viertelpfündiges Geschütz eine Fußbatterie. Da aufgrund der umfangreichen Neuformationen im preußischen Heer dem Freikorps keine Ärzte zugeteilt werden können, erhält Lützow den Auftrag, aus den eigenen Reihen Leute auszuwählen. Das geschieht bis auf Kompanieebene. Ähnlich werden die nötigen Apotheker gewonnen. Auch die Gestellung von Krankenfuhrwerken wird geregelt.

Die Verwendung des Lützower wie auch der anderen Freikorps ändert sich nach Ablauf des Waffenstillstandes gravierend. Ihre Selbständigkeit endet. Der Gedanke eines Insurrektionskrieges wird völlig fallengelassen. Der weitere Feldzug wird nur noch mit regulären Truppen fortgesetzt. Alle Freikorps erfahren eine Verwendung wie Linientruppen. Das war auch eine Folge des Todes von Scharnhorst.

Die militärische Lage stellt sich nunmehr - auch für das Freikorps Lützow - wie folgt dar: Napoleon steht mit seinen Hauptkräften in Sachsen mit dem Schwerpunkt Dresden. Die Hauptarmee der Verbündeten befindet sich unter Befehl des österreichischen Feldmarschalls Karl Philipp Fürst zu Schwarzenberg (1771 - 1820) in Böhmen, die Schlesische Armee unter Blücher in Schlesien und die neuaufgestellte Nordarmee unter Bernadotte in der Linie Brandenburg - Berlin - Müncheberg. Napoleon befiehlt sein 13. Armeekorps unter Marschall Davout nach Hamburg mit dem Auftrag, Richtung Berlin zu marschieren und die Nordarmee zu binden. Bernadotte seinerseits beordert zum Schutz seiner rechten Flanke das Korps Wallmoden nach Mecklenburg mit dem schon am 9. August erteilten Auftrag, die *„rechte Flanke der Armee (zu) decken, die ich zwischen Berlin und Brandenburg versammle, und ... die Nieder-Elbe, sowie die zwischen Lübeck und Hamburg aufgestellten Truppen des Feindes zu beobachten."* (Zit. nach: Jagwitz, S. 122) Um diesen Auftrag auszuführen, entschließt sich Wallmoden Stellung entlang des alten Wasserweges von der Elbe nach Lübeck zu beziehen.

Die Lützower sind dabei wie folgt eingesetzt: in Büchen und den umliegenden Dörfern stehen das 3. Bataillon, das Jägerdetachement des 1. Bataillons, die gesamte Kavallerie und die Reitende Batterie. Die Tiroler Schützenkompanie befindet sich zur Sicherung der rechten Flanke am Weg von Lauenburg nach Büchen, verstärkt durch eine Abteilung Kosaken.

In Lauenburg liegen unter dem Kommando von Premierleutnant v. d. Heyde das I. und II. Bataillon sowie die Fußbatterie der Lützower, verstärkt durch das Kosakenregiment von Denissow. Drei Redouten an der Straße nach Bergedorf unterstützen die Verteidigung. In Schnakenbek sind 50 Lützower unter dem Oberjäger Zander als Sicherungskräfte eingesetzt.

In Boizenburg steht nur das Jägerdetachement des II. Bataillons.

17. August - Beginn der Kampfhandlungen an der Niederelbe mit Gefechten bei Lauenburg, die bis zum 19. August andauern.

Auf der Bergedorfer Straße geht Marschall Davout auf Lauenburg vor. Um die Mittagszeit erkennen die Sicherungskräfte die anrückenden Franzosen und weichen auf Lauenburg aus.

Zwischen Schnakenbek und einem Entwässerungsgraben, die Verteidigungslinie der Lützower, entwickelt sich ein heftiges Tirailleurgefecht. Um die Stärke der Franzosen festzustellen, greifen die Lützower die Stellungen der Franzosen an, werden abgewiesen, erkennen aber, daß die Franzosen vier oder fünf Bataillone, Kavallerie und einige Geschütze stark sind. Bis zur Dunkelheit feuert Artillerie und zer-

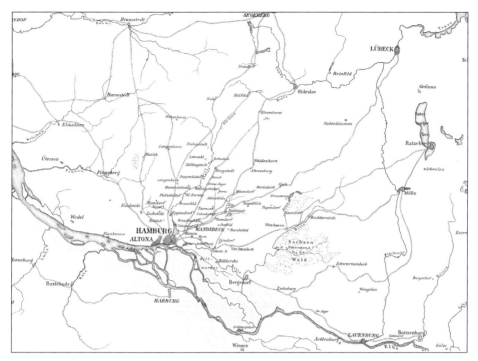

Karte zum Feldzug in Holstein 1813.

stört ein französisches Geschütz. Insgesamt verlieren die Franzosen 300 Tote und Verwundete. Die Lützower beklagen drei Oberjäger, 40 Unteroffiziere und Mannschaften an Toten und Verwundeten.

18. August - Heftige Angriffe der Franzosen, vor allem mit ihrem rechten Flügel, eröffnen den zweiten Kampftag. Die Lützower reagieren und verstärken die linke Redoute mit einem zusätzlichen Geschütz. Im Laufe des Vormittags greifen die Lützower mit ihrem linken Flügel an, die gesamte Tirailleurlinie der schwarzen Schar macht diese Vorwärtsbewegung mit. Premierleutnant v. d. Heyde, Kommandeur vor Ort, unterstützt den sich entwickelnden Angriff mit weiteren Kräften. Das Vorgehen bringt die Lützower bis an den Waldrand vor Schnakenbek, dann aber werden sie bis auf die Ausgangslinie zurückgeworfen. Über Mittag kehrt Ruhe ein. Nachmittags spielt sich das Gefecht zwischen beiden Linien ab. Ein Sturmangriff der Franzosen am Abend kann abgeschlagen werden. Da sich im Laufe des Tages abzeichnete, daß die Truppe in Lauenburg umgangen werden konnte, werden in der Nacht zum 19. August auf Befehl von Tettenborn und Lützow, die mittlerweile in Lauenburg angekommen waren, Geschütze hinter die Stecknitz gebracht. An diesem Tag verlieren die Lützower etwa 100 Mann. Verlustzahlen der Franzosen liegen nicht vor, sie dürften aber etwas höher gewesen sein.

19. August - Erneut greifen die Franzosen mit zwei Bataillonen an. Da es regnet, wird das Gefecht mit Bajonett geführt. Das Freikorps zieht sich nach dem Gefecht geordnet zurück, muß aber bis zum Dorf Horst ausweichen. Durch den Regen kann der

Stecknitzübergang bei Lauenburg nicht zerstört werden. Auch Büchen wird durch die Lützower geräumt. Tettenborn sammelt seine Truppen beim Dorf Gresse nahe Boizenburg. Marschall Davout läßt die von Divisionsgeneral Paul Thiébault (1769 - 1846) kommandierte Division auf den Höhen von Lauenburg biwakieren. Bei Büchen vereinigten sich die immer noch auf der Seite Frankreichs kämpfenden Dänen mit den Divisionen der Divisionsgenerale Loison und Marc Nicolas Louis Pécheux (1769 - 1831).

20. August - Biwak der Lützower.

21. August - Gefecht bei Vellahn. Fast die gesamte Infanterie Wallmodens besetzt eine Linie auf den Höhen vor den Dörfern Vellahn und Goldenbow (fünf Bataillone der Russisch-Deutschen Legion, drei Bataillone Lützower und das Bataillon v. Reiche). Ein Bataillon der Russisch-Deutschen Legion steht in Camin. Die Kavallerie wird verdeckt in Bereitschaft gehalten. Zusätzlich wird die Kavallerie Dörnbergs auf der rechten Flanke zur Verfügung gestellt. Generalleutnant v. Wallmoden hat sein Hauptquartier in Kloddram genommen. Plänkelnde Kosaken ziehen den Feind nachmittags in die Nähe der Dörfer, allerdings greift die Kavallerie des rechten Flügels zu früh an, so daß der Feind ausweichen kann. Nachts läßt Wallmoden seine Truppen auf Hagenow zurückgehen. Insgesamt kostet das Gefecht etwa 400 Tote und Verwundete auf beiden Seiten.

22./23. August - Wallmoden erwartet vergebens einen Angriff der Franzosen bei Hagenow, jedoch sammelt Davout seine Truppen zwischen Zarrentin und Wittenburg, schickt die Division Loison als Vorhut nach Schwerin und folgt dann selbst mit den Hauptkräften. Er bezieht ein Lager westlich der Stadt.

23. August - In der Schlacht bei Großbeeren besiegt Generalleutnant v. Bülow die französische Berlin-Armee unter Marschall Charles-Nicolas Oudinot, Herzog von Reggio (1767 - 1847). Einen Anteil am Sieg hat die preußische Landwehr.
Lützow und seine Reiter treffen in Kirch Jesar ein.

24. August - Tettenborn schiebt die Kavallerie bis Warsow vor. Die Infanterie steht bei Alt Zachun und Kraak.

25. August - Wallmoden erhält den Auftrag, die rechte Flanke des Kronprinzen von Schweden zu sichern und marschiert deshalb in Richtung Grabow ab. Tettenborn soll diesen Abzug verschleiern. Die Kavallerie des Freikorps Lützow und die Kosaken umstellen das Lager der Franzosen und erschweren deren Verbindungen sowie ihren Nachschub aus Hamburg. Lützow marschiert mit 100 Reitern, zwei Sotnien (sotnie - russ. - Hundertschaft) Kosaken und einem Detachement freiwilliger Jäger zu diesem Zweck nach Gottesgabe und bezieht ein Versteck unweit Rosenhagen. Patrouillen werden gegen Schwerin aufgestellt. Ziel ist es, einen angekündigten Wagenzug abzufangen. Die Infanterie bezieht Stellung bei Wöbbelin, der Rest der Kavallerie geht nach Fahrbinde.
Theodor Körner trägt in Gottesgabe am Abend sein am Tage zuvor gedichtetes herrliches Schwertlied, am Klavier begleitet von seinem Freund Karl Friedrich Friesen (geb. 1784 in Magdeburg), Lützow, den Oberjägern Hellfritz und Probsthan sowie dem Rittmeister Joseph Fischers vor.

1) Du Schwert an meiner Linken,
　　Was soll dein heitres Blinken?
　　Schaust mich so freundlich an.
　　Hab´ meine Freude dran.
　　　　Hurra! *)

2) „Mich trägt ein wackrer Reiter;
　　Drum blink´ ich auch so heiter;
　　Bin freien Mannes Wehr;
　　Das freut dem Schwerte sehr."
　　　　Hurra!

3) Ja, gutes Schwert, frei bin ich
　　Und liebe dich herzinnig,
　　Als wärst du mir getraut
　　Als eine liebe Braut.
　　　　Hurra!

4) „Dir hab ich´s ja ergeben,
　　Mein lichtes Eisenleben.
　　Ach, wären wir getraut!
　　Wann holst du deine Braut"
　　　　Hurra!

5) Zur Brautnachts=Morgenröte
　　Ruft festlich die Trompete;
　　Wenn die Kanonen schrein,
　　Hol´ ich das Liebchen ein.
　　　　Hurra!

6) „O seliges Umfangen!
　　Ich harre mit Verlangen.
　　Du Bräut´gam, hole mich,
　　Mein Kränzchen bleibt für dich!"
　　　　Hurra!

7) Was klirrst du in der Scheide,
　　Du helle Eisenfreude,
　　So wild, so schlachtenfroh?
　　Mein Schwert, was klirrst du so?
　　　　Hurra!

8) „Wohl klirr´ ich in der Scheide;
　　Ich sehne mich zum Streite,
　　Recht wild und schlachtenfroh.
　　Drum, Reiter, klirr´ ich so."
　　　　Hurra!

9) Bleib doch im engen Stübchen!
　　Was willst du hier, mein Liebchen?
　　Bleib still im Kämmerlein,
　　Bleib! bald hol´ ich dich ein.
　　　　Hurra!

10) „Laß mich nicht lange warten!
　　O schöner Liebesgarten,
　　Voll Röslein blutigrot
　　Und aufgeblühtem Tod!"
　　　　Hurra!

11) So komm denn aus der Scheide,
　　Du Reiters Augenweide!
　　Heraus, mein Schwert, heraus!
　　Führ´ dich ins Vaterhaus.
　　　　Hurra!

12) „Ach, herrlich ist´s im Freien,
　　Im rüst´gen Hochzeitreihen!
　　Wie glänzt im Sonnenstrahl
　　So bräutlich hell der Stahl!"
　　　　Hurra!

13) Wohlauf, ihr kecken Streiter,
　　Wohlauf, ihr deutschen Reiter!
　　Wird euch das Herz nicht warm?
　　Nehmt´s Liebchen in den Arm!
　　　　Hurra!

14) Erst tat es an der Linken
　　Nur ganz verstohlen blinken;
　　Doch an die Rechte traut
　　Gott sichtbarlich die Braut.
　　　　Hurra!

15) Drum drückt den liebeheißen,
　　Bräutlichen Mund von Eisen
　　An eure Lippen fest!
　　Fluch! wer die Braut verläßt!
　　　　Hurra!

16) Nun laßt das Liebchen singen,
　　Daß helle Funken springen!
　　Der Hochzeitmorgen graut.
　　Hurra! du Eisenbraut!
　　　　Hurra!

*) Bei dem "Hurra!" wird mit den Schwertern geklirrt.

(aus: Theodor Körners sämtliche Werke in vier Teilen. Neue vervollständigte und kritisch durchgesehene Ausgabe. Herausgegeben von Eugen Wildenow, Leipzig 1902, S. 34 ff.)

Theodor Körners letzter Abend in Gottesgabe. V.l.n.r.: Kosak, Körner, Friesen, Lützow, Hellfritz, Fischer und Probsthan.

26. August - Gefecht bei Gadebusch. Theodor Körner fällt im Kampf. Die Aussage des Jägers Zenker vom 29. des Monats, 50 Jahre später in einem Brief mitgeteilt, lautet: „*Noch ehe der Morgen dämmerte, brachen wir wieder auf und verbargen uns, nachdem wir eine gute Strecke Weges zurückgelegt hatten, in einem Gehölz. Hier ging uns die Nachricht zu, daß eine große Anzahl Wagen unter dem Geleit von französischen Rekruten und Rekonvaleszenten im nahen Dorfe, ich glaube, es hieß Rosenau (Rosenow - d. Verf.), übernachtet habe, soeben aufbreche und auf dem Wege zum Davoutschen Lager unseren Busch passieren werde.*
Lützow versammelte die Führer und sagte uns: seine Absicht auf das Davoutsche Lager seien vereitelt, es bleibe nun nur übrig, einen im Anzug begriffenen Transport zu nehmen und dessen Bedeckung niederzuhauen.
Die Landstraße von Rosenau nach Schwerin hatte damals anfänglich zu beiden Seiten freies Feld, dann zur Rechten und ein Viertel Weges auch zur Linken dünn bestandenes Gehölz. Lützow hatte mir Befehl erteilt, mich mit 20 Mann an der äußersten Ecke des Gehölzes zur Rechten ins Versteck zu legen und auf den Feind einzuhauen, sobald er weit genug vorgerückt sein würde. An meinen rechten Flügel schlossen die 100 Mann Kosaken sich an. Der Leutnant von Lützow, Bruder des Majors, sollte mit 40 Mann sich da, wo die Straße zu beiden Seiten Wald hat, aufzustellen und den Franzosen die Zuflucht in denselben verwehren. Die noch übrigen 40 Mann Lützower waren ebenfalls in ein Versteck gelegt und sollten aushelfen, wo es nötig sein würde.
Ich war sehr gut beritten, brach rechtzeitig hervor und kam mit meinen Leuten zuerst an die Franzosen, welche mehrenteils ihre Gewehre auf die Wagen, zum Teil auch sich

selbst darauf gelegt hatten. So überrascht und erschrocken sie waren, setzten sie sich doch sogleich zur Wehr. ... den Franzosen, die sich unter die Wagen verkrochen, und aus dem Versteck auf uns schossen, war schwer beizukommen. Die

Theodor Körners Tod. Eine der vielen Illustrationen.

Pferde des Transportes wurden scheu und gingen durch, die Vorspannbauern schnitten die Stränge durch und jagten davon, alles fuhr, ritt, lief und schoß durcheinander; die Verwirrung war groß. Nun bemerkte ich, daß die zersprengten Franzosen Zuflucht in dem nahen Wald zu beiden Seiten der Straße suchten, von wo aus sie das Feuer auf uns erneuerten. Der jüngere Lützow war nicht zeitig genug auf der ihm bezeichneten Stelle eingetroffen, um den Feinden den Weg zu verlegen. Dies auszuführen, rief ich rasch meine Jäger zusammen; die Feinde hatten jedoch den Wald schon erreicht, der nur dünn mit Holz besetzt war;... Da hörte ich Appell blasen und sah meine Leute, die mich für tot hielten, vor mir vorüber zurück reiten. ... Als ich aus dem Gehölz wieder auf das freie Feld auf der linken Seite der Straße gekommen war, bemerkte ich Körner voran, von Hellfritz und anderen Kameraden gefolgt, zum Angriff heransprengend. Die in dem Walde versteckten Feinde gaben Feuer und nicht weit von mir sah ich Körner vom Pferde sinken. Da er mit dem Fuße in dem Steigbügel hängen geblieben war, nahm ihn Hellfritz in die Arme, wir anderen standen ihm bei; Körners Schimmel jagte davon. Der Appellruf ließ sich wiederholt vernehmen. ... dem Appellruf Folge leistend, zurück zu Lützow ritt. Dieser hatte deshalb uns zurückgerufen, um den Angriff anders zu ordnen, der auch nun gelang, denn wir be-

Friedrich Hellfritz aus Iven nahe Anklam.

kamen sämtliche, reich beladene Wagen und machten eine große Anzahl Gefangene." (Zit. nach: Friedrich Förster, Geschichte der Befreiungs-Kriege 1813, 1814, 1815. I. Band, Berlin S. 847 ff.) Der Oberjäger Friedrich Hellfritz sagt zur Situation, daß Körner den Appellruf nicht folgend, zum Drauflosgehen aufgefordert hat. In seinen Armen soll Körner die Worte gesprochen haben: *„Da hab' ich auch eins!"*
Zwölf Franzosen des 105. Linien-Infanterieregiments, Körner und drei weitere Lützower sowie Theodor Graf Hardenberg, der bei den Kosaken dient, fallen im Gefecht.
Über Dreilützow geht Lützow mit einem Großteil seiner Truppe zurück. Rittmeister Fischer deckt mit 50 Husaren den Abzug. Lützow begleitet den Transport bis zum Ort Moraas östlich von Hagenow und schickt dann die Wagen ins Infanterielager bei Wöbbelin.
Am gleichen Tag besiegt General der Kavallerie v. Blücher mit seiner Schlesischen Armee in der Schlacht an der Katzbach die Franzosen unter Marschall MacDonald. Die Hauptarmee der Verbündeten unter Feldmarschall Fürst Schwarzenberg muß dagegen am 26./27. August in der Schlacht bei Dresden gegen Kaiser Napoleon I. eine Niederlage hinnehmen.
Lützow wird nach dem Gefecht bei Gadebusch der russische St. Annen-Orden II. Klasse verliehen.

27. August - Um die Mittagszeit werden Theodor Körner und die drei anderen Lützower sowie jener Graf Hardenberg in Wöbbelin beigesetzt.
Im siegreichen Gefecht bei Hagelberg steht die preußische Landwehr der Nordarmee erneut ihren Mann.

29./30. August - In der Schlacht bei Kulm und Nollendorf können österreichische, preußische und russische Truppen unter Generalleutnant Friedrich v. Kleist (1762 - 1823) französische Truppen unter Divisionsgeneral Vandamme schlagen; Vandamme muß sich am 30. August mit 10 000 Mann ergeben.

31. August - Lützow geht nach Wittenburg. Er läßt die Tiroler Jäger-Kompanie mit Wagen in Richtung Boizenburg transportieren. Am folgenden Tag treffen sie wieder in Goldenbow zusammen.

Die Grabstätte Theodor Körners in Wöbbelin.

2. September - Bei Tagesanbruch wird Boizenburg erreicht. Lützow will einen feindlichen Posten zwischen Altendorf und Gothurum überfallen. Aber die vier Kompa-

nien und zehn Ulanen sind schon in der Nacht nach Lauenburg ausgewichen. Lützow bleibt den Tag über in Boizenburg und bezieht abends ein Biwak beim Ort Blücher an der Elbe.
Marschall Davout beginnt mit seinem Rückmarsch zur Stecknitz.

3. September - Rückmarsch der Lützower nach Wittenburg. Generalmajor v. Tettenborn folgt dem Feind unmittelbar, so daß dann alle Lützower bei Wittenburg vereint sind. Lützow erhält den Befehl, Zarrentin vom Feind zu befreien. Hier stehen etwa 2000 Mann und einige Geschütze mit dem Auftrag, den Rückzug zu decken.

4. September - Gefechte bei Zarrentin, Gudow und Mölln. Lützow hat unter seinem Befehl das III. Bataillon, die Kompanie Tiroler Jäger, 200 Jäger des Bataillons v. Reiche, die 2. und 3. Eskadron sowie zwei Kanonen und eine Haubitze.
Mit Tagesanbruch läßt Lützow die 3. Eskadron bei Kölzin über die Schaale gehen und zwingt dadurch den Feind zur Aufgabe seines Postens an der Schaalmühle. Dadurch wird der Weg frei für die Infanterie und Artillerie. Nach dem Übergang über die Schalle geht Lützow zum Angriff gegen Zarrentin über. Die 3. Eskadron umgeht die Ortschaft und zwingt die Franzosen, den Ort zu verlassen. Dann verfolgt sie mit Unterstützung der Tiroler Jäger den Feind über Tesdorf, so daß dieser erst bei Gudow zum Stehen kommt. Auch hier wird die erfolgreiche Umgehungstaktik angewendet und der Gegner weicht erneut, wird aber jenseits der Ortschaft von Artillerie aufgenommen. Die Lützower müssen warten, bis der Major die Hauptkräfte heranführt. Die Infanterie mit Unterstützung der Artillerie geht energisch zum Angriff über. Die Franzosen müssen erneut weichen und gehen bis Mölln zurück. Da Lützow auch aufklären soll, wird gegen Mölln vorgegangen. Die Franzosen verteidigen Mölln ernsthaft. Daraufhin läßt Lützow den Angriff einstellen.
Ein Teil der 5. Eskadron unter Leutnant Rusch nimmt an einer Aufklärung gegen Ratzeburg teil. Dabei gelingt den Lützowern bei Kogel ein Überraschungsangriff, der 34 Mann und 15 Wagen Verluste für den Feind brachte.
Die nicht im Einsatz befindlichen Teile des Freikorps marschieren von Wittenburg nach Zarrentin.

5. September - Gegen 6.00 Uhr früh gehen die Franzosen bei Mölln zum Gegenangriff über. Sie versuchen, den linken Flügel der Lützower mit vier Bataillonen, zwei Eskadronen und acht Geschützen zu umgehen. Das kann verhindert werden und

gegen Mittag ziehen die Gegner wieder nach Mölln ab. Das Freikorps verliert an diesen zwei Tagen zwei Unteroffiziere und zehn Gemeine.

6. September - Lützow erreicht in der Nacht Zarrentin und vereinigt das Korps hier am Ort, um dann Richtung Lübtheen zu den Hauptkräften des Generalleutnants v. Wallmoden zu marschieren.
In der Schlacht bei Dennewitz bringen vor allem die Preußen unter Generalleutnant v. Bülow (am 3. Juni 1814 als Bülow von Dennewitz in Grafen-

*General der Infanterie
Friedrich Wilhelm Graf Bülow von Dennewitz.*

stand erhoben) und General der Infanterie Bogislav Friedrich Emanuel v. Tauentzien (1760 - 1824) den Franzosen und Sachsen unter Marschall Michel Ney, Herzog von Elchingen, Fürst von der Moskwa (1769 - 1815) erneut eine Niederlage bei.

10. September - Das Freikorps Lützow marschiert zurück nach Zarrentin und trifft dort am Folgetag ein.

13. September - Als im Hauptquartier Wallmodens bekannt wird, daß Davout die Absicht hat, den General Pécheux mit einer Division auf dem linken Elbufer in Richtung Magdeburg zu schicken, bekommt Lützow Marschbefehl nach Lübtheen. Der Major vereinigt unter seinem Kommando die gesamte Kavallerie und ein Bataillon Infanterie. Major v. Petersdorff bleibt mit dem Rest des Freikorps in Zarrentin im Vorpostendienst stehen.

14. September - Lützow marschiert nach Dömitz.

15. September - Die Truppen Wallmodens überschreiten in der Nacht die Elbe bei Dömitz und beziehen bei Dannenberg Stellung. Tettenborn wird bis zum Göhrde-Wald vorgeschoben.

Der Übergang des Freikorps Lützow über die Elbe bei Dömitz.
Lithographie des Museums Festung Dölmitz.

16. September - Gefecht an der Göhrde. Wallmodens Korps greift Pécheux in seiner Stellung auf dem Steinker Hügel, westlich nahe Lüben, in drei Kolonnen vorgehend und allseitig umfassend an. Pécheux gelingt es, mit der Hälfte seiner doch kleinen Truppenmacht den übermächtigen Gegner, wenn auch mit hohen Verlusten, zu durchbrechen und sich über Lüneburg und Zollenspieker nach Hamburg durchzuschlagen. Da es das einzige bedeutendere Gefecht des Korps Wallmodens in diesem Feldzug ist, wird es eher als Erfolg angesehen.

Seitens des Freikorps Lützow ist festzuhalten: Major v. Petersdorff stellt das II. Bataillon als Vorposten bei Marienstedt, Klein Zecher, Tesdorf und Lüttau südwestlich des Schaalsees auf und bezieht mit dem Rest Biwak hinter Zarrentin. Zusätzlich wird Boizenburg mit zwei Kompanien Lützower, einer Kanone und 100 Mann hanseatischer Kavallerie besetzt.

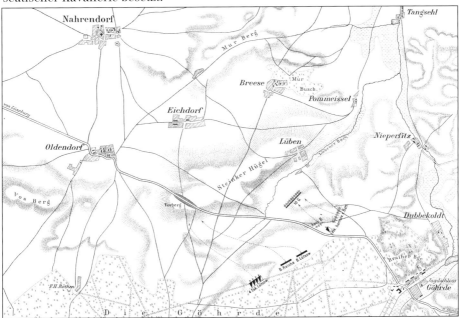

Karte zum Gefecht an der Göhrde am 16. September 1813.

Morgens geht hier der aus Lauenburg kommende Feind aus Lauenburg mit 1000 Mann Infanterie, 40 Ulanen und zwei Geschützen zum Angriff über und besetzt bis 10.00 Uhr Horst. Der weitere Angriff Richtung Vierhof kann durch die Kavallerie so lange aufgehalten werden, bis der Leutnant v. Dittmar Vierhof mit 50 Mann unter Oberjäger Zander besetzt. Rechts davon entlang eines Grabens werden Tirailleurs aufgestellt und dahinter die Hauptkräfte in geschlossener Formation. In der rechten Flanke steht die hanseatische Eskadron bereit.

Der erste Angriff der Franzosen richtet sich gegen Vierhof und kann durch die Lützower abgewehrt werden. Den Tag über gibt es mehrere Gefechte. Entscheidend ist am Nachmittag die Ankunft von zwei weiteren Eskadronen in der linken Flanke des Feindes bei Horst, so daß der Gegner am Abend nach Lauenburg zurückgehen muß. Von beiden Seiten werden die alten Vorposten wieder bezogen. Vom Freikorps fallen Rittmeister Julius Graf Galen, sechs Oberjäger und 31 Jäger, verwundet werden vier Offiziere, zwei Oberjäger und 67 Jäger, vermißt bleiben 19 Jäger.

Zum Gefecht sind noch einige Anmerkungen erforderlich. So wird Lützow bei einer Attacke auf ein feindliches Karree erneut schwer in Unterleib und Schenkel verwundet. Ihm wird das Eiserne Kreuz II. Klasse und der russische St. Wladimir-Orden III. Klasse verliehen. Dann kann im Gefecht der Kompaniechirug August Albrecht Meckel v. Hembsbach seine Schießleidenschaft nicht zügeln. Er greift sich eine Büchse, läßt die Verwundeten unverbunden liegen und tritt in den Schützenzug ein. Nach dem Gefecht macht man ihm - zurecht - Vorwürfe. Er antwortet: *„Er sei beim Freikorps eingetreten, um an dem Kampf tätig teilzunehmen, nicht aber, um hinter der Front zu bleiben."* Die Angelegenheit wurde Lützow unterbreitet. Lützow befahl tatsächlich: *„Es ist dem Kompaniechirurgen Meckel gestattet, so viel Franzosen totzuschießen, als er Lust hat."* (Zit. nach: Jagwitz, S. 301)

Der Jäger August Renz gehört an diesem Tag mit zu jenen Lützowern, die auf die feindlichen Karrees stürmen. Durch eine Kugel am Oberschenkel verletzt stürzend, ruft er einem Offizier zu: *„Herr Leutnant ich bin ein Mädchen!"* Eleonore Prochaska ist der Name des Potsdamer Mädchens, geboren am 11. März 1785. Sie trat Ende Juni 1813 beim Jägerdetachement des I. Bataillons in das Freikorps ein. Die verwundete Lützowerin wird nach Dannenberg gebracht und stirbt dort am 5. Oktober und wird dort zwei Tage später mit militärischen Ehren beigesetzt. 1865 wird ihr in Dannenberg ein Denkmal gesetzt, 1889 folgt ein weiteres in Potsdam.

Tödliche Verwundung Eleonore Prochaskas im Gefecht an der Görde.

Es sind noch zwei weitere Fälle bekannt, daß junge Frauen als Männer verkleidet im Freikorps gedient haben. So kämpft Anna Unger aus Bayreuth als August Unger in der 3. Kompanie des I. Bataillons, muß sich zwar bald ihrem Bataillonskommandeur zu erkennen geben, doch dieser bewahrt aber das Geheimnis. Anna Lühring aus Bremen schließt sich als Jäger Eduard Kruse am 28. Februar 1814 der 5. Kompanie des III. Bataillons an.

17. September - Generalmajor v. Tettenborn berichtet an den preußischen König über den Anteil des Freikorps am Gefecht bei der Göhrde folgendes: *„Euer Königlichen Majestät freue ich mich versichern zu können, daß sowohl das Lützowsche Korps, als das Bataillon Reiche an dem erfochtenen Sieg den ruhmvollsten Antheil haben und besonders im Anfange, ehe die andern Truppen herangekommen waren, mit unerschrockener Entschlossenheit den überlegenen Feind angegriffen haben. Be-*

Anna Lühring aus Bremen (1796 - 1866).

sonders aber muß ich den Major v. Lützow erwähnen, der inmitten seiner tapfern Anstrengungen durch eine Kugel getroffen wurde." (Zit. nach: Jagwitz, S. 171)

Tettenborn erhält den Befehl, Lüneburg zu besetzten. Dazu werden ihm die Kosaken, das Bataillon v. Reiche und ein Detachement Lützowscher Infanterie unterstellt.

Lützow wird nach Eldena geschafft und durch seine Frau Elise, die sich immer im Lagerbereich des Freikorps aufhält und Dr. Ludwig Ordelin gepflegt. Nachdem Lützow außer Lebensgefahr ist, wird er nach Lenzen gebracht.

18. September - Angriff der Franzosen auf die Vorposten und Stellungen am Schaalsee. Marschall Davout, informiert über das Gefecht an der Göhrde, betreibt gewaltsame Aufklärung, um die Stärke der Truppen an der Stecknitzlinie festzustellen. Nachdem die Franzosen Seedorf besetzt hatten, wird der ganz rechte Vorposten bei Marienstedt angegriffen. Major v. Petersdorff schickt 200 Mann Infanterie unter Hauptmann v. Helmenstreit zur Verstärkung. Diese kämpfen so hinhaltend, daß alle Vorposten auf Zarrentin zurückgehen können. In der Zwischenzeit hatte Petersdorff eine Stellung zwischen Zarrentin und Lüttau (heute Lüttow) bezogen. Diese kann aber nicht gehalten werden, da starke feindliche Kavallerie die Stellung im Süden umgangen hatte. Der Major befiehlt den Rückzug auf die Schaalmühle, der auch gelingt. Hier wird entlang der Schaale Front zum Feind gemacht. Aber auch diese Stellung kann nicht behauptet werden. Die Franzosen treten unter der persönlichen Führung Davouts mit starken Infanteriekräften, unterstützt von Artillerie, auf und binden die Lützower an der Schaalmühle. Gleichzeitig überschreitet eine weitere Kolonne bei Kölzin die Schaale. Erneut in der Gefahr umgangen zu werden, gehen die Lützower und die unterstützenden Teile bis zum Bantiener Gehölz, auf halben Weg zwischen Schaalmühle und Waschow, zurück. Die hier bezogene Stellung wird nicht mehr ernsthaft angegriffen, zudem macht die hereinbrechende Dunkelheit dem Gefecht endgültig ein Ende. Die Verluste des Freikorps belaufen sich auf 26 Tote, 102 Verwundete (ein Offizier, drei Oberjäger und 98 Jäger) und acht Vermißte.

19. September - Da der Feind in der Nacht auf Dodow vorrückt und um Verbindung mit den rechts vom Schaalsee eingesetzten Teilen, vor allem zwei Bataillone der Hanseatischen Legion und das 2. Husaren-Regiment der Russisch-Deutschen Legion, des Obersten Karl August Friedrich v. Witzleben (1773 - 1839; in russ. Diensten, kommandierte die Hanseatische Legion) zu halten, geht Major v. Petersdorff mit seinen Kräften auf Wittenburg zurück. Die Ortschaften Dodow, Waschow, Kraft und Püttelkow werden besetzt. Das in Boizenburg befindliche Detachement geht ungefähr in gleicher Höhe mit dem Major in Richtung Lübtheen zurück. Da der Feind immer wieder versucht, Petersdorff im Süden zu umgehen, werden starke Kosakenpatrouillen über Dodow und Camin geschickt. Um 13.00 Uhr kommt es bei Waschow zu einem kleineren Kavalleriegefecht, an dem aber keine Lützower beteiligt sind.

20. September - Die Franzosen treten den Rückzug an. Die Lützower folgen diesem und besetzten die alten Vorpostenstellungen bei Zarrentin.

Ende September - Der Kronprinz von Schweden will unbedingt, auch gegen die Ansicht Wallmodens, daß Davout angegriffen wird. Wallmoden läßt daher alle Truppen links der Elbe wieder zurück auf das rechte Elbufer gehen. Es bleiben nur kleinere Trupps rechts der Elbe zur Aufklärung und Beobachtung.

3. Oktober - Elbübergang der Schlesischen Armee unter Blücher bei Wartenburg, zehn Kilometer südlich von Wittenberg. Damit fällt die Elbelinie endgültig.

5. Oktober - Generalmajor v. Dörnberg marschiert auf Büchen. Tettenborn überquert bei Bleckede die Elbe.

6. Oktober - Morgens wird versucht, den Übergang über die Delvenau im Handstreich zu nehmen. Der Übergang ist zerstört und der Angriff wird abgewehrt.

7. Oktober - Nachmittags unternimmt Generalmajor v. Dörnberg einen Vorstoß Richtung Weißen Hirsch bei Salem. Daran sind etwa 900 Mann Infanterie des Freikorps beteiligt. Nach einem verlustreichen Nachtgefecht wird das Unternehmen abgebrochen.

9. Oktober - Tettenborn beginnt einen Zug gegen Bremen. Wallmoden will damit Davouts Nachrichtenverbindungen und Nachschublinien trennen. Das Streifkorps setzt sich aus 800 Kosaken, 440 Kavalleristen und 330 Infanteristen des Lützower Freikorps, dem Jäger-Bataillon v. Reiche und vier hanseatische Geschütze zusammen. Die Infanterie wird mit Wagen recht beweglich gemacht, so daß am 10. Oktober über Bienenbüttel Bispingen, am 11. Oktober Soltau und am 12. Oktober Verden erreicht wird.

12. Oktober - Der zu dieser Zeit in russischen Diensten stehende Oberst Ernst Heinrich Adolf v. Pfuel (1779 - 1866) erhält in Visselhövede den Auftrag, Rothenburg, einen Etappenort zwischen Bremen und Hamburg, zu überfallen. Dazu werden ihm die Infanterie des Freikorps (330 Mann), die 4. Kompanie des Jäger-Bataillons v. Reiche und die 4. Eskadron der Lützower unterstellt.

13. Oktober - Gefechte bei Rothenburg und Bremen. Oberst v. Pfuel trifft in der Nacht in Rothenburg ein. Der Feind, rechtzeitig gewarnt, verteidigt die Stadt aber nur schwach und zieht sich in das stark befestigte Amt zurück. Das ist mit Kanonen besetzt und von einem Wassergraben umgeben. Durch Öffnen der Schleusen hat der Graben einen hohen Wasserstand. Pfuel sieht unter diesen Umständen von einem Angriff ab und geht nach Hassel. Die 4. Eskadron wird nach Verden geschickt, um den in Nienburg stehenden Feind zu beobachten.
Tettenborn erreicht um 7.00 Uhr Bremen. Trotz aller Vorsichtsmaßnahmen ist der Feind wohl gewarnt. Er schickt eine Kompanie Schweizer zur Aufklärung aus. Sie wird von der an der Spitze reitenden Lützowschen Kavallerie angegriffen und zersprengt. Die Stadttore sind geschlossen und die Mauern besetzt. Tettenborns Infanterie eröffnet das Feuer aus der Vorstadt. Die Artillerie beschießt die Stadt mit ungefähr 200 Granaten. Tettenborn bietet eine Kapitulation an, die abgewiesen wird.

14. Oktober - Pfuel erreicht Bremen. Der französische Kommandant, Oberst Thuilliers, wird auf dem Wall von dem Lützower Jäger Erdmann, einem früheren Wildschützen, erschossen. Die Stadt brennt an mehreren Stellen. Tettenborn erneuert sein Kapitulationsangebot, das jetzt angenommen wird. Eine kleine Abteilung Lützower unter dem Oberjäger Beyersdorff nimmt Burg ein.

15. Oktober - Einnahme der von den Franzosen besetzten und befestigten Stadt Bremen. Aufruf des Generalmajors v. Tettenborn, dem Teile des Lützowschen Freikorps unterstehen, an die jungen Männer Bremens, sich als Freiwillige anzuschließen. Daraufhin tritt eine Anzahl Studenten und Bürgersöhne der Stadt dem Freikorps bei. Sie werden vor allem in das Reitende Jäger-Detachement der 2. Eskadron und in das Jäger-Detachement zu Fuß eingegliedert. Die Kavallerie und Infanterie des Freikorps wird nach Ottersberg entsandt, da die Nachricht eingegangen war, daß starke Feindkräfte aus Hamburg im Anmarsch seien. Patrouillen werden in Richtung Rothenburg und Harburg geschickt. Bei deren Annäherung an den Feind geht dieser zurück und tritt auch nicht wieder an.

16. Oktober - Beginn der Völkerschlacht bei Leipzig. Bis zum 19. Oktober wird um und in der Stadt gekämpft. Napoleon muß der Übermacht der Verbündeten weichen. Bis zum Ende des Jahres sind alle Gebiete rechts des Rheins von Franzosen geräumt. Gebhard Leberecht v. Blücher wird am 16. Oktober Generalfeldmarschall.

17. Oktober - Aufgrund von Informationen der Bevölkerung kann Oberjäger Beyersdorff mehrere Schiffe auf der Hunte kapern und bis zum 18. vormittags nach Elsfleth bringen. Die 4. Eskadron unter Leutnant Jenny erhält den Auftrag, auf Nienburg vorzugehen.

18. Oktober - Generalmajor v. Tettenborn verläßt unter Zurücklassung einiger Kosaken Bremen und geht nach Verden. Die Franzosen, von Oldenburg in Stärke von 1 500 Mann kommend, nehmen die Stadt wieder in Besitz. Beyersdorff will gegen Oldenburg ziehen, aber aufgrund der Ereignisse geht er über Ottersberg und Achim ins Biwak bei Verden, das er am 24. Oktober erreicht. Die 4. Eskadron erreicht Nienburg und patrouilliert in der Folge verstärkt gegen Hannover und Minden.
Hauptmann v. Helmenstreit marschiert mit 450 Mann Infanterie von Zarrentin nach Klein Zecher, wo sich seine Truppe mit zwei Eskadronen Husaren der Russisch-Deutschen Legion vereinigt und sie morgens gegen vier Uhr Seedorf erreichen. Von hier aus schickt er 50 Mann Infanterie und zwei Züge Husaren nach Kogel. Die Hauptkräfte gehen weiter in Richtung Weißer Hirsch vor und legen sich im Wald am Ausgang des Weges vom Weißen Hirsch nach der Kogeler Mühle ins Versteck. Zwischen Seedorf und dieser Mühle steht die Reserve von 50 Mann Infanterie und zwei Zügen Husaren.
Morgens gegen sieben Uhr reiten zwölf feindliche Reiter auf dem Weg zur Mühle. Diese läßt man in den Hinterhalt reiten. Der Großteil wird gefangen. Nur zwei Mann entkommen Richtung Schaalsee. Einer ertrinkt, der zweite Reiter wird im See erschossen. Wie sich herausstellt, waren es der General Romeé und sein Adjutant. Der General hatte den Auftrag, einen Angriff Richtung Zarrentin zu leiten, um festzustellen, ob Wallmoden noch mit seinen Hauptkräften hier stand. Gleich im Anschluß an den geglückten Hinterhalt rücken vom Weißen Hirsch her ein Regiment Kavallerie und zwei Bataillone Infanterie vor. Das Freikorps weicht auf die Reserve aus.

Die Kavallerie plänkelt gegen den Feind. Dieser bringt acht Geschütze Reitende Artillerie in Stellung. Daraufhin weichen das Freikorps und die Kavallerie bis Seedorf aus und bleiben hier stehen.
Auch vor Valluhn geht eine feindliche Kolonne vor, bleibt aber ähnlich wie vor Seedorf stehen. Der Tod des Generals hat das ganze Unternehmen der Franzosen ins Stocken gebracht. Sie befürchten weitere Hinterhalte. Abends gehen sie auf ihre Ausgangspositionen zurück. Die alten Vorposten werden wieder bezogen.

19. Oktober - Das Freikorps verläßt Ottersberg und geht nach Verden. Die Kavallerie bezieht hier Biwak. Die Teile der Infanterie gehen über die Elbe zurück.

25. Oktober - Der zu Tettenborn als Ordonnanzoffizier kommandierte Lützower Leutnant Beczwarzowski erhält den Auftrag, die von Beyersdorff nach Vegesack gebrachten Schiffe durch einen Überfall zu erobern und die Waren zu verkaufen. Dazu werden ihm 60 Reiter, zur Hälfte Kosaken und Lützower, unterstellt.
Zwei Bataillone Infanterie und die Artillerie werden aus der Umgegend von Zarrentin nach Boizenburg verlegt.

26. Oktober - Die Abteilung Beczwarzowsky erreicht am Morgen über Achim Oberneuland. Hier erhält der Leutnant Nachricht vom Abmarsch der Franzosen aus Bremen und beschließt, die Stadt wieder zu besetzten. Trotz starker Feindgruppierungen aus Oldenburg und aus Hamburg kann Bremen am Folgetag durch die Abteilung gehalten werden. Die Franzosen versuchen nicht, die Stadt zurückzuerobern.

29. Oktober - Leutnant Jenny erhält den Auftrag, mit 40 Reitern die genaue Feindstärke in Minden festzustellen.

30. Oktober - Die Lützower erreichen Minden, werden aber durch feindliche Infanterie, verstärkt durch Artillerie, abgewiesen und treffen am 1. November wieder in Nienburg ein.

2. November - Es geht die Nachricht ein, daß die Franzosen Minden räumen. Am folgenden Tag besetzen die Lützower die Stadt.

8. November - Das Freikorps Lützow wird durch Befehl des Kronprinzen von Schweden aus dem Korps Wallmoden entlassen und zunächst direkt dem Hauptquartier der Nordarmee unterstellt und am 12. November zunächst an das 3. (preuß.) Armeekorps unter Generalleutnant v. Bülow überwiesen, der an jenem Tag anordnet, daß sich das Freikorps nach Tecklenburg in Marsch zu setzen hat.

9. November - Die Infanterie und Artillerie des Freikorps erhält Befehl, in Richtung Celle zu marschieren und trifft dort am 14. November ein. Inzwischen hat Marschall Davout am 12. November seine feste Stellung zwischen Ratzeburg und Mölln verlassen und sich hinter die Stecknitz zurückgezogen.

12. November - Mit einer Kabinettsorder des preußischen Königs aus Frankfurt am Main wird die Stärke des Lützower Korps so festgeschrieben: *„Da die deutschen Fürsten nun insgesammt dem Bündniß gegen den Kaiser der Franzosen beigetreten sind, dem Major v. Lützow also durch die hiernach in allen Ländern eintretende*

Tafel A:
Major Ferdinand v. Schill 1809 (Aquarell von Prof. R. Knötel).

Tafel B:
Fußjäger, Artillerie-Unteroffizier, Leichter Infanterist und Husar des Freikorps Schill 1807 (Aquarell von Prof. R. Knötel).

Tafel C:
Vor Kolberg 1807 (Lithographie von Herbert Knötel d.J.).
Das Denkmal zur Erinnerung der Verteidigung von Kolberg 1807 mit Nettelbeck und Gneisenau sowie die an Schill erinnernde Reliefplatte am Denkmal.

Tafel D:
*Major Ferdinand v. Schill.
Zeitgenössischer kolorierter Kupferstich.*

Tafel E:
Schills Tod im Straßenkampf in Stralsund am 31. Mai 1809.
Die Erschießung der elf Schillschen Offiziere in Wesel am 16. September 1809.

Tafel F:
Das Denkmal für die erschossenen elf Schillschen Offiziere in Wesel um 1900.

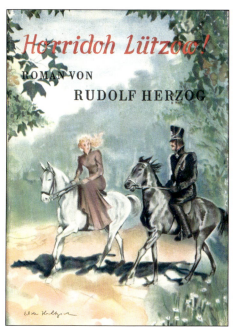

Tafel G:
Das Buch „Horridoh Lützow" von Rudolf Herzog. Schutzumschlag und Vorderseite des Einbandes. Einer der in der DDR 1963 herausgegebenen Ersttagsbriefe zu den Befreiungskriegen.

Tafel H:
Offizier und Jäger der Reitenden Jäger sowie Husar und Husarenoffizier des Freikorps Lützow 1813 - 1815 (Aquarell von Prof. R. Knötel).

Tafel I:
Musketier, Offizier und Jäger der Tiroler Jäger-Kompanie sowie Jäger von den Jäger-Detachements des Freikorps Lützow 1813 - 1815 (Aquarell von Prof. R. Knötel).

Tafel J:
Hornist, Offizier und Jäger der Tiroler Jäger-Kompanie des Freikorps Lützow 1813/14 (Aquarell von Prof. R. Knötel).

Tafel K:
Ulan vom Freikorps Lützow 1813 - 1815 (Aquarell von Prof. R. Knötel).

Tafel L:
Friedrich Ludwig Jahn und Karl Friedrich Friesen. Theodor Körner verwundet bei Kitzen. Eleonore Prochaska wird tödlich verwundet.

Tafel M:
Die Sekondeleutnants August v. Vietinghoff und Friedrich Leopold Palm, der Kompanie-Chirurg August Albrecht Meckel v. Hembsbach (von ihm stammt diese Skizze der Rast bei Lübbelow am 30. August 1813) und Rittmeister Joseph Fischer. Theodor Körner trägt seine Kriegslieder vor.

Tafel N:
„Lützows wilde verwegene Jagd".
Ansichtskarte um 1900 nach einem Gemälde von Prof. Richard Knötel.
Die Lützower an der Leiche Theodor Körners. Ansichtskarte um 1900 nach einem Gemälde von Otto Donner von Richter.

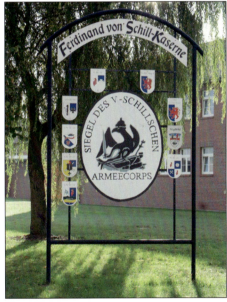

Tafel O:
Muster der nach 1810 verliehenen Infanteriefahnen und Kavalleriestandarten, wie sie auch das 25. Infanterie-Regiment und das 6. Ulanen-Regiment erhielten.
Lützows Grab auf dem Berliner Garnisonfriedhof. Aufnahme von Anfang 2009. In der Ferdinand-von-Schill-Kaserne der Panzergrenadierbrigade 41 in Torgelow. Aufnahme von 2008.

Tafel P:
Ehrung Theodor Körners während der 675-Jahr-Feier Wöbbelins 2008 durch die Gemeinde unter Beteiligung der Rosenberger Interessengemeinschaft „Lützower Freikorps 1813".
Mitglieder der Rosenberger Interessengemeinschaft „Lützower Freikorps 1813" mit Angehörigen der Artilleriegruppen Neu Kaliß und Roggendorf während der Eröffnung des Reservistenwettkampfes „Lützower Jäger" auf dem Truppenübungsplatz Lübtheen 2008.

Truppen=Formationen für die gemeinschaftliche Sache die Gelegenheit abgeht, künftig wie bisher für sein Freikorps zu werben, so bestimme Ich hierdurch, daß das Korps nicht weiter verstärkt werben, sondern auf seiner jetzigen Stärke von
3 Bataillonen Infanterie,
5 Schwadronen Kavallerie,
4 Kanonen Artillerie zu Fuß,
5 Kanonen reitender Artillerie,
stehen bleiben soll. Ich trage dem allgemeinen Kriegs=Departement auf, darnach das Weitere zu verfügen." (Zit. nach: Jagwitz, S. 252)

17. November - Entgegen den ursprünglichen Absichten des schwedischen Kronprinzen, dem es vor allem darum geht, Dänemark zur Abtretung von Norwegen an Schweden zu zwingen, sollen die Lützower nun mit der Nordarmee gegen die Dänen eingesetzt werden. Die Kavallerie des Freikorps marschiert von Bremen nach Verden. Generalmajor v. Tettenborn teilt in einem Brief an den Major v. Petersdorff sein großes Bedauern über den Abgang der Lützowschen Kavallerie aus seinem Verantwortungsbereich mit. Gleichzeitig gibt er seiner vollsten Zufriedenheit mit den Lützowern Ausdruck.

21. November - Marsch des vereinigten Freikorps über Walsrode, Soltau (22. November), Kirchgemersen (23. November) nach Wilschenbruch, wo es am 25. November eintrifft.

25. November - Lützow kehrt - noch an Krücken gehend - zu seinem Freikorps zurück, das zweite Tage später vollständig in Boizenburg versammelt ist.

28. November - Das Freikorps tritt unter den Befehl der 1. schwedischen Division, geführt durch Generalmajor Carl Heinrich Posse.

1. Dezember - Unterstellungswechsel des Korps zu Generalleutnant Woronzow. Dieser war mit seinem Korps zur Verstärkung der Nordarmee herangezogen worden und steht bei Winsen.
Die Franzosen verlassen Lauenburg in der Nacht zum 1. Dezember. Lützow besetzt die Stadt am Morgen und setzt Kavallerie zur Verfolgung des Feindes ein, der jedoch schon in der Nacht einen Vorsprung gewonnen hatte.
Abends befiehlt Woronzow den Beczwarzowsky mit 25 Kosaken und 25 Lützowern aufzuklären, ob Davout nach Hamburg ausgewichen ist und sich von den Dänen getrennt hat. Ein weiterer Auftrag ist die Gewässererkundung der Bill und Alster.

2. Dezember - Morgens gegen 4.00 Uhr wird Großensee erreicht, nachdem Wangelau, Schwarzenbek, Kuddewörde passiert und die Bill überschritten wurde. Die Bill wird auf Gangbarkeit geprüft, bei Siek ein Beobachtungsposten eingerichtet und abends die Aufklärung fortgesetzt.

3. Dezember - Um 7.00 Uhr vormittags wird Pinneberg über Woldenhorn, Bergstedt und Hasloh erreicht. Die Nachrichten bestätigen sich, daß Davout sich nach Hamburg zurückgezogen hat und die Dänen in Richtung Oldesloe und Kiel ausgewichen sind. Lützow rückt mit seinem Freikorps von Lüneburg nach Escheburg und vertreibt mit der Vorhut den Feind aus Bergedorf.

4. Dezember - Leutnant Beczwarzowsky tritt den Rückmarsch über Hohenhorst nach Elmenhorst an.

5. Dezember - Es kommt bei Elmenhorst zu einem kleinerem Gefecht mit aus Oldesloe kommenden dänischen Dragonern. Diese flüchten aber sofort, als die Kosaken und Lützower sich zeigen. Danach zieht Beczwarzowsky seinen Posten bei Siek ein, da hier schon Kosaken stehen. Er geht nach Witzhave zum Korps zurück. Lützow hat indessen, nachdem Wallmoden gegen Oldesloe vorrückt war und die Franzosen das rechte Ufer der Bill geräumt hatten, die Bill bei Aumühle überschritten und Witzhave, Ransdorf und Großensee besetzt. In Bergedorf werden das III. Bataillon und die 3. Eskadron zurückgelassen.

6. Dezember - Da die Dänen weiter zurückgehen, rücken auch die Truppen der Nordarmee des schwedischen Kronprinzen weiter vor. Das Freikorps bezieht Vorposten bei Meyersdorf, Poppendorf und Witzhave, seine Hauptkräfte stehen bei Siek. Das III. Bataillon und die 3. Eskadron werden aus Bergedorf abgezogen und durch russische Truppen ersetzt.

8. Dezember - Die Dänen erreichen über Kiel die Eider, siegen am 10. Dezember bei Sehestedt über das Korps Wallmoden, gehen bis Rendsburg und lassen sich hier einschließen.

12. Dezember - Die Dänen beginnen Verhandlungen mit dem Kronprinzen von Schweden.

13. Dezember - Generalleutnant Woronzow schließt den Halbkreis um Hamburg gemäß seinem Auftrag zur Belagerung der Stadt. Das noch zu ihm gehörende Freikorps stellt einen Teil der Vorposten wie folgt: Neu-Rahlstedt und Mariendorf - 3. Eskadron und 100 Mann Infanterie, Wellingsbüttel - 4. und 5. Eskadron, Poppenbüttel - 1. und 2. Eskadron, Sasel - III. Bataillon, Wellingstädt - I. Bataillon, Bergstedt - Stabsquartier und II. Bataillon, Lemsal - die Artillerie.

14. Dezember - Major v. Petersdorff erhält mit A.K.O. den Befehl, nach Kassel zu gehen, um unter dem Kurprinzen Wilhelm von Hessen (1777 - 1847) die Neuformation der hessischen Truppen zu leiten. Der Befehl erreicht ihn am 11. Januar.

15. Dezember - Waffenstillstand mit den Dänen.

19. Dezember - Die Franzosen unternehmen einen Ausfall auf die in Niendorf stehenden Russen. Woronzow befiehlt ein Bataillon vom Freikorps zur Unterstützung nach Niendorf und zur Besetzung von Lockstedt.

20. Dezember - Das I. Bataillon des Freikorps geht nach Niendorf. Hauptmann Staak, genesen von seiner im Gefecht an der Göhrde erhaltenen Verwundung, schickt Leutnant Preuße II mit 100 Mann gegen Lockstädt vor. Der hier stehende Feind kann geworfen und bis Eppendorf zurückgetrieben werden.

22. Dezember - Morgens versucht der Feind aus Hohelust und Eppendorf Lockstedt zurückzuerobern, kann aber abgewiesen werden.

25. Dezember - Als erste Teile eines russischen Armeekorps unter General der Kavallerie Levin August v. Bennigsen (1745 - 1826) vor Hamburg eintreffen, räumt das Freikorps die Vorposten links der Alster und übernimmt die Überwachung des Raumes zwischen Poppenbüttel und Pinneberg. Das Stabsquartier wird nach Langenhorn verlegt. Lützow setzt sich mit der 1. und 3. Eskadron (den Ulanen) zum Rhein in Marsch. Er soll die Rheinübergänge von Wesel bis Bonn und zur Yssel erkunden.

29. Dezember - Major v. Lützow richtet aus Langenhorn bei Hamburg eine Immediat-Eingabe an König Friedrich Wilhelm III., in der er um Klarheit über den weiteren Bestand seines Freikorps ersucht. Dem Gesuch fügt er einen Bericht über die Stärke des Korps zu diesem Zeitpunkt bei. Danach befinden sich bei der Infanterie 51 Offiziere, 146 Unteroffiziere, 34 Spielleute und 1 507 Gemeine, zusammen 1 738 Mann, im Dienst. Hinzu kommen an Kranken: zwölf Offiziere, 27 Unteroffiziere und 478 Gemeine sowie im Depot zwei Offiziere, vier Unteroffiziere und 140 Gemeine. Insgesamt zählt die Infanterie 2 401 Mann. Bei der Kavallerie sind es neun Offiziere, 49 Unteroffiziere, neun Spielleute und 431 Mann, zusammen 498 Mann, im Dienst, zwei Offiziere, sechs Unteroffiziere und 91 Gemeine als Kranke und acht Unteroffiziere und 215 Gemeine im Depot sowie 599 Pferde. Die Artillerie mit neun Kanonen zählt einen Offizier, zwölf Unteroffiziere, zwei Spielleute und 131 Gemeine im Dienst und 18 kranke Gemeine sowie 146 Pferde.

30. Dezember - Die Einschließungstruppen vor Hamburg sind durch das Armeekorps Bennigsen abgelöst. Das Freikorps geht in und um Barmstedt ins Quartier.

31. Dezember - König Friedrich Wilhelm III. sichert Lützow das Fortbestehen durch Umwandlung in Feldregimenter zu. Diese Nachricht aus Basel erreicht ihn am 19. Januar 1814.

Dezember - Alle Teilnehmer des Schillschen Zuges von 1809 werden durch eine Amnestie begnadigt.

1814, *1. Januar* - Lützow und die Ulanen erreichen über Zollenspieker und Nienburg Minden.

2. Januar - Infanterie und Artillerie des Freikorps werden zur Belagerung von Glückstadt herangezogen. Am Abend des 5. Januar kapituliert die Festung. Der Waffenstillstand mit den Dänen läuft ohne Friedensschluß aus.

7. Januar - Die Vorausabteilung unter Lützow erreicht Hamm und am 12. Januar den Rhein bei Schwelm, um am 15. Januar nach Mühlheim zu kommen.

9. Januar - Die vor Glückstadt eingesetzten Lützower kehren nach Barmstedt zurück.

11. Januar - Für den nach Kassel befohlenen Major v. Petersdorff (siehe unter dem 14.12.1813) übernimmt Hauptmann v. Helmenstreit den Befehl über die Infanterie.

15. Januar - Das Freikorps rückt nach Itzehoe, um sich am Kampf gegen die Dänen zu beteiligen.

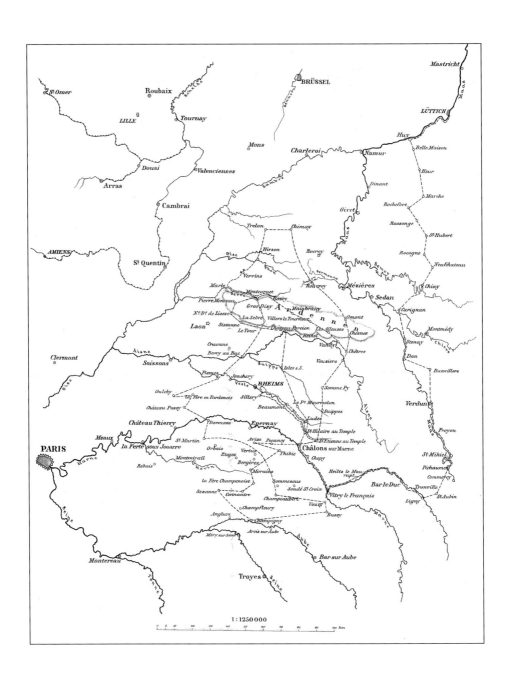

Karte zum Feldzug 1814

1 2
3 4

Major Friedrich v. Petersdorff (1), Rittmeister Gustav v. Bornstädt (2), Premierleutnant Jakob Riedl (3) und Sekondeleutnant Joseph Ennemoser (4). Zeichnungen des Lützower Chirurgus August Albrecht Meckel v. Hembsbach.

16. Januar - Friedensschluß in Kiel mit Dänemark. Generalleutnant Woronzow läßt die Truppen bis zum 20. des Monats ruhen. Lützow geht mit den Ulanen nach Siegburg.
Das Freikorps bekommt Anteile aus der dänischen Beute und den ausgehobenen Pferden in Holstein sowie eine Geldsumme vom schwedischen Kronprinzen. Diese war auch nötig, da die Bekleidung und Ausrüstung stark gelitten hatte. Die Artillerie kann jetzt ganz in Reitende Artillerie verwandelt werden. Die Kavallerie wird auf eine Stärke von 770 Reitern gebracht. Nur die Infanterie nimmt trotz der Bemühungen des Depots um etwa 200 Mann ab.

17. Januar - Beginn des bis zum 15. April dauernden Streifzuges von Lützow mit der 1. und 3. Eskadron unter den Leutnants v. Reiche und Obermann nach Frankreich. Adjutant Lützows ist Leutnant Friesen. Bei starkem Eisgang gehen die Ulanen bei Bonn, das am 14. Januar vom Feind geräumt worden war, über den Rhein.

19. Januar - Da für Lützow keine weiteren Befehle vorliegen, entschließt er sich zu einem Streifzug zwischen den beiden Hauptangriffslinien der verbündeten Heere, die in Holland und in die Champagne vordringen.
Rittmeister Fischer erläßt auf Schloß Breitenburg folgenden Befehl: „*Der Soldat, welcher von nun an muthwilligerweise etwas verliert, zerreißt oder zerbricht, wird entweder gleich zum Stabe geschickt oder bezahlt das Verlorene von seinem Tractamente. Derjenige Offizier, welcher nicht mit aller Strenge auf Erfüllung dieses Befehles hält, ist 6 Wochen Arrestant und melde ich ihn sofort dem commandirenden General=Lieutenant v. Bülow Excellenz. ... Der Volontair, welcher seinen Mantel mit den Sporen etc. zerreist und Löcher hineinbringt, ist Arrestant und thut beim Stabe Strafwachen, welche ich noch bestimmen werde;*" (Zit. nach: Heinrich Bothe und Carl von Klatte, Geschichte des Thüringischen Ulanen-Regiments Nr. 6, Berlin 1890, S. 98)
Die Schlacht bei Brienne-le-Château zwischen der Schlesischen Armee und den französischen Hauptkräften endet mit dem Rückzug der Verbündeten.

20. Januar - Das Freikorps wird nach mehrmaligem Bitten des Generalleutnants v. Bülow dessen Korps an den Rhein nachgeschickt und verläßt damit die Reihen der Nordarmee unter dem Kronprinzen von Schweden. Der schwedische Kronprinz muß vom Freikorps sehr angetan gewesen sein. Anders lassen sich seine Versuche, die Freischar als schwedische Garde zu übernehmen oder ihre Teilnahme an der Expedition nach Norwegen zu erreichen, nicht erklären.
Major v. Lützow erreicht über Brühl, Nörvenich, Düren und Eschweiler dann Cornelimünster. Hier erhält er von Leutnant Obermann die Nachricht, daß Lüttich noch vom Feind besetzt ist und dort gebrandschatzt wird. Daraufhin entschließt sich Lützow, mit seinen beiden Eskadronen auf Lüttich vorzugehen. Über Eupen (22. Januar), Herve und Schloß Aigne (23. Januar) gelangt er am 24. Januar vor Lüttich. Der Feind hatte die Stadt am Vortage geräumt, nachdem er 200 000 Franken erpreßt und die Waffenfabriken unbrauchbar gemacht hatte.

24. Januar - Unmittelbar vor Lützow ist Generalmajor Tschernyschew mit zwei Kosakenregimentern und einem Husarenregiment in Lüttich eingetroffen. Als sich wiederum französische Truppen aus Antwerpen Lüttich nähern, stellen sich ihnen Kräfte Tschernyschews und Lützows entgegen. Die Franzosen ziehen sich zurück, werden von den Verbündeten verfolgt und büßen einige Hundert Gefangene ein.

Lützow entschließt sich nach dem Erfolg bei Lüttich dazu, sein Betätigungsfeld zwischen der Böhmischen und Schlesischen Armee in der Champagne zu suchen. Dazu läßt er die Maas aufwärts über Huy, Belle-Maison, Rochefort nach Rassonge marschieren. Dort trifft er am 30. Januar ein. Hier erreichte ihn die Nachricht, daß das Streifkorps des Majors v. Colomb in der Nähe sei.

31. Januar - Treffen Lützows mit Colomb in St. Hubert. Beide verabreden die gegenseitige Unterstützung. Am Abend wird Rocogne erreicht, am folgenden Tag Neufchâteau.

1. Februar - In Chiny, dem nächsten Marschziel, steht noch feindliche Kavallerie. Eine starke Vorausabteilung nimmt im Ort zehn polnische Ulanen gefangen. Lützow geht weiter nach Florenville. Von hier aus entsenden Lützow und Colomb eine Abteilung von 60 Reitern nach Stenay und Montmédy, um die Verteidigungsmaßnahmen in den Ardennen zu erkunden.
Generalfeldmarschall v. Blücher siegt mit seiner Schlesischen Armee in der Schlacht bei La Rothiére über die französischen Hauptkräfte.

3. Februar - In Carignan treffen die entsandte Abteilung und Lützow wieder zusammen und rücken am nächsten Tag in Stenay ein. Dort finden sie die Brücke über die Maas zerstört vor.

6. Februar - Ein einheimischer Führer führt die Vorhut bei der Umgehung der Festung Verdun im dichten Schneegestöber irrtümlich in die Vorstadt. Bei dem dadurch entstehenden Gefecht fällt ein Lützower.

10. Februar - Für die Franzosen erfolgreich verlaufende Gefechte über die Verbündeten.

11. Februar - Die Franzosen unter Kaiser Napoleon I. erringen in der Schlacht von Montmirail einen Sieg über die preußisch-russischen Verbündeten.

12. Februar - Über mehrere Stationen, unter anderem der Überschreitung der Maas bei Pichaumel, wird Châlons erreicht und Feldmarschall v. Blücher die Annäherung gemeldet. Dieser setzt die Ulanen zur Sicherung seines eigenen Maasübergangs bei Châlons im rückwärtigen Bereich ein.

13./14. Februar - Ein Gefecht bei Etoges zwischen der Schlesischen Armee und französischen Truppen endet mit dem Rückzug der Verbündeten.

14. Februar - Über Münster erreicht der Hauptteil des Freikorps Köln. Hier bekommt der Hauptmann v. Helmenstreit den Auftrag, die Einschließungstruppen vor Jülich abzulösen.

17. Februar - Beginn der Belagerung von Jülich und Teilnahme der Lützower an ihr. Da die Besatzung der Festung aus ungefähr 4 000 Mann Infanterie, 160 Mann Kavallerie und 120 Geschützen besteht, ist an einen handstreichartigen Angriff nicht zu denken. Deshalb wird die Festung an verschiedenen Nächten zwischen dem 18. und 23. Februar von der Artillerie beschossen, um den Feind zu ermüden.

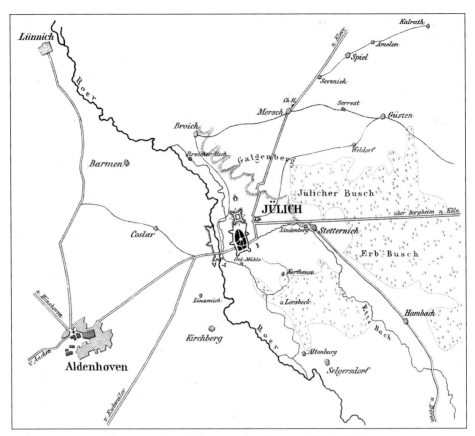

Karte zur Einschließung der Festung Jülich 1814.

18. Februar - In der Schlacht bei Monterau siegt die Hauptarmee der Verbündeten über die französischen Hauptkräfte.

19. Februar - Lützow, der mit seinen Ulanen zur Flankensicherung der Schlesischen Armee, die auf Paris marschiert, eingesetzt wird, erreicht Petit-Morains (ab 1834 Morains le Petit).

21. Februar - Blücher muß mit seiner Schlesischen Armee näher zur Hauptarmee marschieren, da Napoleon sich wieder gegen diese gewendet hatte. Die Lützower gehen daraufhin nach Champigny. Hier erhält Lützow den Auftrag, Verbindung zum Korps des russischen Generalleutnants Ferdinand Freiherr von Wintzingerode (1770 - 1818), der als Avantgarde Blüchers die Marneübergänge bei Epernay sichert, zu nehmen.

24. Februar - Vor Jülich unternehmen die Belagerten nach Südwesten in Richtung Karthause einen Ausfall, um diesen Ort zu nehmen. Die hier eingesetzten Tiroler, zwei weitere Kompanien des II. Bataillons, eine Kompanie des III. Bataillons, zwölf Mann Kavallerie und ein Teil der Artillerie können den Angriff abwehren.

Lützow erreicht Bouzy und verbleibt am Ort. Seine Reiter versehen von hier aus zwei Tage lang Patrouillendienst.

26. Februar - Die Besatzung der Festung Jülich führt erneut einen Ausfall durch, nunmehr in Richtung Lorsbeck. Ähnlich wie am 24. kann der Angriff abgewehrt werden. Auf beiden Seiten sind etwa die gleichen Kräfte im Einsatz.

27. Februar - In der Schlacht bei Bar-sur-Aube siegt die Hauptarmee der Verbündeten und bei Orthez in Südfrankreich erringt eine englisch-spanische Armee am gleichen Tag den Sieg über die französische Südarmee.

28. Februar - Erneut wird aus der Festung Jülich heraus die Karthause angegriffen. Das Gefecht verläuft beinahe genauso wie an den Tagen zuvor.
Lützow blieb im Raum zwischen Blücher und Wintzingerode, die ihren Vormarsch fortgesetzt hatten. Die Ulanen hatten am Vortage Champaubert erreicht. An diesem Tag fand auch das Ereignis um den Artillerietrain des Oberst v. Lobenthal statt. (siehe dazu unter dem 27. April den Bericht des Generals v. Bülow)

1. März - Bei Dormans gehen die Lützower Ulanen über die Marne und nach Château Paffy und betreiben am nächsten Tag Aufklärung, um einmal die Bewegung der Schlesischen Armee festzustellen und zum anderen den Feind östlich der Straße Château Thierry nach Soissons zu beobachten.

3. März - Blücher vereinigt sich wieder mit dem Korps Wintzingerode. Da Napoleon versucht, die linke Flanke der Armee zu gewinnen, beschließt Lützow, die Gegend östlich Laon zu beobachten und festzustellen, ob aus den Festungen Sedan, Meziéres und Rocroi Verstärkung für Napoleon kommt. Zugleicht überwacht er die Rückzugslinie des französischen Heeres nach Beery-au-Bac.

4. März - Marsch Lützows in Richtung Fismes. In der Nähe des Ortes werden einige Grenadiers á cheval gefangengenommen. Diese bestätigen Aufklärungsergebnisse, daß Napoleon sich Richtung Fismes bewegt. Lützow meldet das an Blücher. Mittags wird Plency erreicht, danach die Aisne überschritten und in Jouvincourt Quartier bezogen. Im folgenden wird der Entschluß vom Vortag umgesetzt.

7. März - Die Schlacht bei Craonne zwischen der Schlesischen Armee und den französischen Hauptkräften unter Kaiser Napoleon I. verläuft bei schweren Verlusten auf beiden Seiten unentschieden.

8. März - Blücher erteilt Lützow den Auftrag, Verbindung mit dem russischen Generalleutnant Emmanuel Graf von Saint-Priest (1776 - 1814); aufzunehmen. Dieser steht mit seinem Korps zwischen Reims und Châlons und soll die Franzosen in Flanke und Rücken angreifen.

9. März - Schlacht bei Laon. Blücher siegt über Napoleon, kann aber aufgrund von Krankheit am folgenden Tag nicht selbst die Truppen führen.

13. März - Die Ulanen erreichen Ludes in der Nähe Reims. Lützow begibt sich in die Stadt und trifft auf das von Napoleon hier geschlagene Korps des Generalleutnants Saint-Priest. Dieser war schwer verwundet in französische Gefangenschaft geraten und stirbt am 29. März 1814. Lützow kehrt sofort unter starken Schwierigkeiten (die Stadt, vor allem die Ausgänge, waren von russischen Truppen besetzt) zu seinen Ulanen nach Ludes zurück.

15./16. März - In der Nacht gerät die 1. Eskadron bei Chêtres in einen Hinterhalt und wird in zwei Teile getrennt. Bei Villers le Tourneur erhält Lützow einen Schuß durch die Hand.
Leutnant Karl Friedrich Friesen, der nach dem Rückzug von Chêtres auf verwundete Lützower wartet, wird in der Nähe des Dorfes La Lobbe durch bewaffnete Bauern gefangen, mißhandelt, dann erschossen und ausgeplündert. Am 7. April 1814 erfährt Friesens Freund, Leutnant August Freiherr v. Vietinghoff, daß dieser vermißt sei. Zwei Jahre später findet er dessen Grab und exhumiert den Leichnam, um ein Versprechen abzutragen. Aber erst 30 Jahre später, am 15. März 1847, kann es ganz eingelöst werden. Friesen erhält seine letzte Ruhestätte neben Scharnhorst auf dem Invalidenfriedhof in Berlin.

Das Denkmal für den in Frankreich ermordeten Karl Friedrich Friesen in Magdeburg.

24. März - Die vor der Festung Jülich eingesetzten Truppen des Freikorps werden durch Mecklenburg-Schweriner Truppen abgelöst. Das Korps versammelt sich bei Aldenhoven und marschiert am folgenden Tag nach Aachen.

30. März - Der 6. Koalitionskrieg 1813/1814 endet mit der Kapitulation von Paris und der Abdankung Kaiser Napoleons I. am 6. April. Auch auf den Nebenkriegsschauplätzen werden die Kampfhandlungen eingestellt. Die Verbündeten restaurieren die Herrschaft der Bourbonen und verbannen Napoleon nach Elba.

4. April - Über Lüttich und Nivelles wird Givry erreicht. Hier trifft Major v. Lützow aus Vervins kommend ein und übernimmt wieder die Führung seines Korps.

6. April - Beförderung Lützows zum Oberstleutnant.

8. April - Die Lützower Truppen setzen ihren Marsch über Beaumont nach Vervins fort. Hier trifft die Nachricht von der Einnahme von Paris ein. Die Marschrichtung wird geändert. Bei Péronne ist die Vereinigung mit dem Bülowschen Korps befohlen.

15. April - Die beiden Ulanen-Eskadronen treffen bei Péronne mit den Hauptkräften ihres Freikorps zusammen. Das gesamte Korps ist nun seit langer Zeit wieder komplett vereinigt. General v. Bülow besichtigt das Freikorps und ist mit dem Gesehenen sehr zufrieden.

Mitte April - Die organisatorische Trennung des Freikorps in zwei Regimenter, je eines der Infanterie und der Kavallerie, vollzieht sich in diesen Tagen.

16. April - Der Marsch wird in Richtung Holland fortgesetzt.

26. April - Die Stärke des Freikorps Lützow wird für die Infanterie mit 69 Offizieren, 198 Oberjägern, 44 Spielleuten, 16 Chirurgen und 1 857 Jägern, die der Kavallerie mit 21 Offizieren, 57 Oberjägern, elf Trompetern, zehn Chirurgen und 570 Jägern angegeben.

27. April - General v. Bülow berichtet an den König: *„Der Major von Lützow hat in den beinahe täglichen Gefechten sich als ein umsichtiger und braver Offizier bewiesen. Er hat durch die frühe Meldung, daß der Kaiser Napoleon der Armee des Feldmarschalls Blücher folge, wie Letzterer Ende Februar über Sézanne in der Direction auf Meaux marschirte, und durch die Nachricht, die er dem auf Montmirail mit einem Artillerietrain marschirenden Oberst v. Lobenthal ertheilte, und wodurch er die Rettung dieser Geschütze bewirkt hat, sich wesentlich verdient gemacht, sowie überhaupt der Eifer höchst lobenswerth ist, mit dem er Ew. Königl. Majestät vom Anfang des Krieges an gedient hat, weshalb ich zu seiner Belohnung das Eiserne Kreuz I. Klasse erbitte und Allerhöchstdero Gnade anheimstellen muß, auch für die Offiziere und Leute seines Corps einige eiserne Kreuze II. Klasse Allergnädigst bewilligen zu wollen."* (Zit. nach: Stawitzky, Ludwig, Geschichte des Königlich Preußischen 25sten Infanterie-Regiments und seines Stammes, der Infanterie des von Lützow'schen Frei-Corps, o. O., 1857, S. 16.)

30. April - Mit einer Kabinettsorder werden die Freiwilligen Jäger des Freikorps (die Detachements der drei Bataillone und die 2. Eskadron) aufgelöst und in die Heimat entlassen. Das hat zur Folge, daß die 5. Eskadron nun die Nummer 2 führt. Anfang Mai werden die aus der Gefangenschaft zurückkehrenden Offiziere gemäß ihrem Patent wieder eingegliedert. Premierleutnant v. Kropff wird zum Rittmeister befördert und erhält seine alte 3. Eskadron. Der Sekondeleutnant v. Aschenbach wird zum Stabsrittmeister befördert und erhält die 1. Eskadron. Auch Sekondeleutnant v. Helden-Sarnowsky wird zum Stabsrittmeister befördert und erhält die 4. Eskadron. Des weiteren wird Rittmeister v. Bornstädt zum Major befördert und erhält zusammen mit v. Kropff und Rittmeister Fischer den Wladimir-Orden IV. Klasse, die Leutnants Obermann und Beczwarzowsky bekommen den St. Annen-Orden III. Klasse.

8. Mai - Endlich werden die zur Galeerenstrafe verurteilten Angehörigen des Schillschen Korps befreit und nach Deutschland zurückgeschickt.
Durch A.K.O. wird die Artillerie des Freikorps als 14. Reitende Batterie der Schlesischen Artillerie-Brigade zugeteilt. Sie wird am 25. Mai dem III. Korps mit einem Bestand von vier Offizieren, 13 Unteroffizieren, 20 Bombardieren, zwei Trompetern, einem Chirurgen, 113 Kanonieren, zwei Schmieden, elf Trainsoldaten und sechs Knechten sowie 216 Pferden, acht Kanonen und neun Fahrzeugen überwiesen.

15. Mai - Ankunft der Lützower in und um Etichove bei Oudenarde, wo sie bis zum 9. Juni Quartier beziehen.

30. Mai - Im Frieden von Paris werden für Frankreich die Grenzen von 1792 festgelegt.

2. Juni - Verleihung des Eisernen Kreuzes I. Klasse, des russischen Wladimir-Ordens III. Klasse und des russischen St. Annen-Ordens II. Klasse an Oberstleutnant v. Lützow.

3. Juni - Generalfeldmarschall v. Blücher wird vom preußischen König zum Fürsten Blücher von Wahlstatt erhoben.

12. Juni - Das Korps hat nach Leuverghem verlegt, bezieht nun hier und in der Umgebung Quartier. Erst am 2. Juli marschiert die Truppe nach Cleve.

18. Juni - König Friedrich Wilhelm III. entläßt auf ihr Gesuch und aufgrund einer Befürwortung Lützows vom 28. Mai die Tiroler Schützenkompanie. Ein Teil der Leute kehrt in die Heimat zurück, ein anderer bleibt in Preußen.

7. - 16. Juli - Oberstleutnant v. Lützow ist nach Aachen beurlaubt.

12. Juli - Die Lützower beziehen nach dem Rückmarsch aus Frankreich und Holland um Cleve und Kronenburg Quartier. Die Unterstellung des Freikorps wechselt hier zur 4. Brigade unter Generalmajor Karl Friedrich Bernhard Hellmuth v. Hobe (1765 - 1822) des III. Korps unter Generalleutnant Karl Heinrich v. Borstell (1773 - 1844). Damit gehört das Freikorps der neuaufgestellten Observations-Armee unter General der Infanterie Friedrich Graf Kleist von Nollendorf (1762 - 1823). Die Aufnahme der Lützower in der Bevölkerung ist herzlich und sie fühlen sich hier sehr wohl. Das Verhältnis zu den Familien der Umgebung gestaltet sich immer freundlicher und manche gehen in einen Bund fürs Leben über. Ein Beispiel ist der Sekondeleutnant Gottlieb Nagel aus Schwerin, der Jahre später in Cleve später die Leitung des Gymnasiums übernimmt.

3. August - Der Geburtstag des Königs Friedrich Wilhelm III. wird gebührend gefeiert. Die Offiziere verteilen zahlreiche Einladungen zu einem Ball. Ein Feuerwerk beendet den Tag.

30. August - In einem Schreiben des Kriegsministers Generalmajor Leopold Hermann Ludwig v. Boyen (1771 - 1848) wird die Kavallerie schon als „Lützowsches Cavallerie-Regiment" bezeichnet.

15. September - Beginn von Herbstübungen in der Gegend von Kronenburg, die bis zum 4. Oktober dauern.

23. September - Das Grabdenkmal für Theodor Körner in Gestalt eines antiken Opferaltars nach Plänen des sächsischen Hofbaumeisters Gottlob Friedrich Thormeyer (1775 - 1842), von dem Vater Christian Gottfried Körner (1756 - 1831) errichtet, wird feierlich eingeweiht. Der Platz um die Grabstätte war dem Vater von Herzog

Friedrich Franz I. von Mecklenburg-Schwerin geschenkt worden. In der Folge werden auch Körners Vater, Mutter und Schwester sowie eine Tante hier beigesetzt.

24. September - Auf Befehl des Generalmajors v. Hobe legen die 1. und 3. Eskadron ihre Lanzen ab. Die Kavallerie soll für die Herbstübungen ganz als Husaren-Regiment erscheinen.

4. Oktober - Die Kavallerie kehrt nach Kronenburg zurück und verbleibt hier bis zum 15. Januar 1815.

1. November - Beginn des Wiener Kongresses.

5. Das weitere Schicksal des Lützower Freikorps und seines Führers

<u>1815</u>, *15. Januar* - Abmarsch des Lützower Freikorps Richtung Rhein.

16. Januar - Das Freikorps überschreitet bei Wesel den Rhein und bezieht um Bocholt Quartier.

1. März - Kaiser Napoleon I. trifft nach Verlassen der Insel Elba in Antibes ein und beginnt seinen Marsch auf Paris.

13. März - Ächtung Napoleons durch die verbündeten Großmächte.

15. März - Die Kavallerie des Lützowschen Freikorps wird zum Ulanen-Regiment Nr. 6 der Preußische Armee.

19. März - Lützow befindet sich mit einem Teil seiner Offiziere in Anholt auf einem Ball des Konstantin Alexander Joseph Fürst zu Salm-Salm (1762 - 1828), als der Fürst gegen Mitternacht in den Tanzsaal tritt und ruft: *„Meine Herren, auf eine glückliche Kampagne! Kaiser Napoleon ist am 1. März in Frankreich gelandet und bereits in vollem Anmarsch auf Paris!"* (Zit. nach: Jagwitz, S. 257) Noch in der Nacht ergeht der Befehl des Generalmajors v. Hobe, daß die beiden Lützowschen Regimenter am 20. März bei Ringenberg konzentriert werden sollen.

21. März - Die Stärke des Korps Lützow beläuft sich an diesem Tage bei der Infanterie auf 55 Offiziere und 1 220 Oberjäger und Jäger sowie 82 Pferde. Bei der Kavallerie sind es 18 Offiziere und 549 Oberjäger und Jäger sowie 593 Pferde. Die Gesamtstärke beträgt 73 Offiziere und 1 769 Oberjäger und Jäger sowie 674 Pferde.

22./ 23. März - Die Lützower überschreiten bei Wesel den Rhein und erreichen über Kempen, Erkelenz, Geilenkirchen, Visé, wo die Maas überschritten wird, mit der Kavallerie am 28. und mit der Infanterie am 29. März Lüttich.

23. März - Die Preußische Armee unter Generalfeldmarschall Fürst Blücher von Wahlstatt wird in sechs Armeekorps und ein Reservekorps eingeteilt. Weiterhin wird bestimmt, daß das „Lützowsche Cavallerie-Regiment" dem I. Armeekorps unter Generalleutnant Hans Ernst Karl v. Zieten (1770 - 1848) und das „Lützowsche Infanterie-Regiment" dem II. Armeekorps unter Generalleutnant v. Borstell zugeteilt werden. Damit ist die Auflösung des Freikorps Lützow und seine Umwandlung in getrennt handelnde Regimenter befohlen. Bis zur Formierung der neuen Armeekorps bleibt das Freikorps jedoch noch zusammen.

25. März - Großbritannien, Österreich, Preußen und Rußland schließen formell eine neue, gegen Napoleon gerichtete Koalition - der 7. und letzte Koalitionskrieg beginnt.

29. März - Eine Kabinettsorder des Königs legt unter anderem fest: „*Die Lützowsche Infanterie erhält die Stamm=Nummer 25 und soll künftig heißen `25. Infanterie=Regiment´. ... Das Husaren=Regiment, formirt aus 1 Eskadron Pommersches Husaren=Regiment, 1Eskadron Schlesisches Husaren=Regiment, 1 Eskadron Lützowscher Husaren, erhält die Stamm=Nummer 9. Das Ulanen=Regiment, formirt aus 3 Eskadrons der Lützower Kavallerie, erhält die Stamm=Nummer 6.*" (Zit. nach: Jagwitz, S. 259) Oberstleutnant v. Lützow wird zum Kommandeur des 6. Ulanen-Regiments ernannt. Major v. Petersdorff wird Kommandeur des 25. Infanterie-Regiments, kann aber aufgrund eines Beinbruchs nicht am bevorstehenden Feldzug teilnehmen.

30. März - Abmarsch Richtung Chateau Dochain, das am 2. April erreicht wird.

3. April - Noch scheint das frühere Freikorps Lützow zusammengeblieben zu sein, den ihm werden die Kantonnements Landenne, Avenne und Héron sowie auch noch einmal die 14. Batterie, also seine Artillerie, zugewiesen. Dann, an diesem 3. April geht die Truppe wieder auf das rechte Maasufer zurück und bezieht bis zum 8. April um Lüttich Quartier.

5. April - Von Generalleutnant Graf Neidhardt von Gneisenau, dem General-Quartiermeister und somit faktisch Chef des Stabes der Armee Blüchers, ergeht die Verfügung, daß „*nach der neuen Armee=Formation das v. Lützow´sche Corps in der Art als aufgelöst zu betrachten sei, als die Cavallerie und Infanterie desselben voneinander getrennt und aus jeder Waffe ein besonderes Regiment errichtet wird*". (Zit.nach: Stawitzky, S. 23)

7. April - Da aufgrund der Neueinteilung der Armee eine baldige Trennung des Korps in die unter dem 29. März genannten Regimenter absehbar ist, wird der Wunsch nach einem „Abschiedsfest" laut. Es ergeht deshalb folgende Aufforderung:
„*Wie verlautet, sollen die Infanterie und Cavallerie des Corps in einigen Tagen getrennt und zwei verschiedenen Armee=Corps zugeteilt werden, wir dürften uns also in dem bevorstehenden Kriege nur wenig sehen.*
Wir haben mit einander ausgeharrt in mancher trüben Zeit, haben manche fröhliche Stunde mit einander verlebt, unsere Wahl hat uns zusammengeführt, unser Schicksal trennt uns; darum fühlen wir Unterzeichnete uns gedrungen, den übrigen Kameraden den Vorschlag zu machen, noch einmal zusammenzukommen und einander Lebewohl zu sagen.
In der Voraussetzung, daß die Herren unseren Vorschlag genehmigen, sind die Veranstaltungen getroffen, daß morgen 4 Uhr in einer der Vorstädte Lüttichs oder, wenn es nicht anders angeht, in Lüttich ein Mittagsmahl bereit ist, uns zum letzten Mal zu vereinigen.

Bei der Ueberfahrt bei Seraing wird von 2 Uhr an die Nachricht sein, welchen Gasthof wir hierzu ausgewählt haben.
Gez. v. Lützow, Nusch, Bassewitz, Beczwarzowsky, Schlüsser, Feuerstein, Ordelin."
(Zit. nach: Bothe und Klatte, S. 101 f.)
Am nächsten Tag, nachmittags, findet dieses feierliche Abschiedsmahl statt.

9. April - Die Lützower marschieren in Richtung Dinant ab, erreichen es am 12. April und beziehen dort Vorposten zur französischen Grenze.

21. April - Die Bestimmungen der Kabinettsorder vom 29. März, die am 17. April im Lützower Korps eingetroffen waren, werden wirksam. Ab diesem Zeitpunkt tragen die Regimenter ihre jeweilgen Nummern und treten unter die unterschiedlichen Kommandos, so daß das Freikorps nun tatsächlich aufgehört hat zu bestehen.

27. April - Oberstleutnant v. Lützow wird die Führung einer Kavalleriebrigade aus seinem Regiment sowie dem 1. und 2. Kurmärkischen Landwehr-Kavallerie-Regiment übertragen.

Mai - Etwa 50 junge Männer der freien Hansestadt Bremen und Verden treten als freiwilliges Jägerdetachement dem 6. Ulanen-Regiment bei und bilden die 5. Eskadron.

19. Mai - Das I. und II. Bataillon des 25. Infanterie-Regiments defilieren beim Marsch durch Namur vor Feldmarschall Blücher.

15. Juni - Im Gefecht bei Gosselies greift Napoleons die preußische Sicherung um Charleroi an und wirft das I. Korps unter dem Befehl Zietens. Blücher befiehlt die Versammlung der Armee um Ligny. Lützow bekommt den Auftrag, Gosselies zu halten, damit die 1. Brigade, die sonst abgeschnitten worden wäre, Anschluß an das I. Korps gewinnt. Bis zum Nachmittag gelingt es Lützow, den Feind hinzuhalten, die eintreffende 1. Brigade übernimmt die weitere Verteidigung.
Durch A.K.O. werden den drei Bataillonen des 25. Infanterie-Regiments Fahnen mit dem Bande der Kriegsgedenkmünze zuerkannt, ebenso die Standarte dem 6. Ulanen-Regiment.

16. Juni - Schlacht bei Ligny. Die Lützowsche Kavalleriebrigade steht als Vorposten bei Fleurus. Das 6. Ulanen-Regiment kann sich bei einer Attacke eines Chasseur-Regiments auszeichnen. Die Vorposten müssen dann der Übermacht der Franzosen weichen. Es entspannen sich schwere Gefechte um die Ortschaften St. Amand, Brye und Ligny. Den Franzosen gelingt es am Abend bei Ligny, die Front der Preußen zu durchbrechen. Blücher führt selbst den Kavallerieangriff gegen die durchgebrochen Franzosen. Lützow, an der Spitze seines Regiments, stürzt unmittelbar vor dem Karree der napoleonischen Jungen Garde. Sein Pferd ist von mehreren Kugeln getroffen. Aufgrund des Sturzes schwer verletzt, wird Lützow, im Gegensatz zu seinem Oberbefehlshaber Feldmarschall Blücher, der in ähnlicher Situation mehr Glück hat und mit Hilfe des Unteroffiziers Schneider von der 2. Eskadron der Lützower Ulanen freikommt, gefangengenommen. Auf dem Kirchhof von Ligny wird er vor Napoleon geführt, der ihn mit folgenden Worten anredet: *„Ah, voici le chef des brigands, le fameux partisan!"* Er setzt hinzu: *„Qu' on le traite bien!"* In Richtung Paris trans-

portiert, wird Lützow schon unterwegs infolge des Friedens aus der Gefangenschaft befreit.
Für sein tapferes Verhalten in der Schlacht erhält Lützow später das Eichenlaub zum Orden pour le mérite. In Aachen, wo Elise v. Lützow Quartier genommen hat, wird er von seiner Frau gesund gepflegt.
Tapfer kämpft auch die vormals Lützower Infanterie, vor allem bei St. Amand und Wagnelée. Ihre hohen Verluste belaufen sich bei den Toten und Verwundeten auf 20 Offiziere und 485 Unteroffiziere und Gemeine.

18. Juni - Schlacht bei Belle Alliance (Waterloo). Das 25. Infanterie Regiment nimmt auf dem linken preußischen Flügel an der Schlacht teil. Bei der Erstürmung des Kirchhofes in Plancenoit und später der Verfolgung der geschlagenen Franzosen zeichnen sich die ehemaligen Lützower des Füsilier-Bataillons des 25. Infanterie-Regiments besonders aus.

20. Juni - Am Morgen vereinigt sich das Füsilier-Bataillon wieder mit den beiden anderen Bataillonen des 25. Infanterie-Regiments im Biwak von Anderlues. Das Regiment nimmt in der Folge noch an verschiedenen Belagerungen teil, vor allem ab dem 30. Juni die von Philippeville. Es folgen die Besetzungen von Maubeuge mit beiden Musketierbataillonen und von Landrecy mit den Füsilieren

22. Juni - Endgültiger Thronverzicht Napoleons.

7. Juli - Einzug der Verbündeten in Paris.

9. August - Lützow kehrt zu seinem Regiment zurück.

3. Oktober - Beförderung Lützows zum Oberst, Verleihung des Eichenlaubes zum Orden pour le mérite. Da er in der Folge gezwungen war, aufgrund der vielen Verletzungen einen Stock zum Gehen zu benutzen, wurde ihm das selbst im Dienst mit „Allerhöchster Genehmigung" gestattet. Elise wird vom König für ihren Einsatz im Befreiungskrieg mit dem Eisernen Kreuz geehrt.

Ende Oktober - Das 6. Ulanen-Regiment beginnt den Rückmarsch in seine ostpreußischen Garnisonen Königsberg und Wehlau. Sie treffen Ende Februar 1816 ein.

Herbst - Über Berlin, wo Lützow nur ein paar Tage weilt, geht es nach Königsberg. Hier hat das Ulanen-Regiment seine Garnison.

1. November - Dem Füsilier-Bataillon des 25. Infanterie-Regiments wird nach königlichem Befehl vom 10. Oktober in Maubeuge nunmehr nach erfolgter Weihe die Fahne mit dem Bande der Kriegsgedenkmünze in Givet übergeben.

3. November - Das 25. Infanterie-Regiment tritt den Rückmarsch nach Preußen an und erhält zunächst Erfurt als Garnison zugewiesen.

1816, *19. Januar* - Dem 6. Ulanen-Regiment wird die Standarte in Spandau übergeben. Sie war dem Regiment zunächst mit einer Kabinettsorder vom 3. September 1815 wegen seines Verhaltens in der Schlacht von Ligny vorenthalten worden. Auf

Vorschlag des Generalleutnants v. Zieten vom 22. Oktober 1815 erging am 12. Dezember jenen Jahres die A.K.O. der Neuverleihung.

24. Januar - Den beiden Musketierbataillonen des 25. Infanterie-Regiments werden mittels A.K.O. die ihnen zunächst mit Order vom 26. September 1815 wegen ihres Verhaltens bei Ligny vorenthaltenen Fahnen neu verliehen. Es hatte sich herausgestellt, daß die Offiziere beider Bataillone bemüht gewesen waren, die anfänglich eingerissene Unordnung zu steuern und das Regiment erhebliche Verluste gehabt hatte. Die Weihe der beiden Fahnen erfolgt am 21. April des Jahres in Erfurt.

6. Februar - Die Verluste des 25. Infanterie-Regiments im Feldzug von 1815 werden für das I. Bataillon mit zwei Offizieren, sieben Unteroffizieren, zwei Spielleuten und 44 Musketieren angegeben. Beim II. Bataillon sind es zwei Offiziere, drei Unteroffiziere, ein Spielmann und 54 Musketiere und beim Füsilier-Bataillon ein Portepeefähnrich, zwei Unteroffiziere und 65 Füsiliere.

8. Mai - Lützow wird Ehrenbürger der Freien Hansestadt Bremen. In der Urkunde heißt es:
„Wir Bürgermeister und Rath der freien Hansestadt Bremen urkunden und bezeugen hiemit, daß wir in Erwägung der großen Verpflichtungen, welche wir dem Königlich Preußischen Obersten und verschiedener Orden Ritter, dem Freiherrn Adolf v. Lützow schuldig sind dafür, daß derselbe im großen Kampfe der deutschen Nation für Wahrheit und Recht und für alle Güter, welche jedem Deutschen heilig und ehrwürdig sind, eine beträchtliche Menge hiesiger Bürger und Bürgerssöhne anführte als thätige Mitarbeiter am großen Werke, und zur Bezeugung unserer innigen Dankbarkeit demselben für sich und dessen männliche Nachkommen das große Bürgerrecht dieser Stadt ertheilt haben." (Zit. nach: Jagwitz, S. 183 f.)

Herbst - Versetzung Lützows nach Posen.

<u>1817</u>, *8. März* - Lützow wird Kommandeur der 3. Kavallerie-Brigade in Münster.

<u>1818</u>, *5. September* - Lützow erhält das Kommando über die 13. Kavallerie-Brigade in Torgau.

<u>1822</u>, *30. März* - Beförderung Lützows zum Generalmajor (Patent vom 4. April 1822).

Frühjahr - Elise von Lützow lernt den Dichter und Schriftsteller Carl Leberecht Immermann (1796 - 1840) kennen. Zwischen ihnen entwickelt sich über gemeinsame literarische Neigungen eine tiefere Beziehung, bis sie sich im August 1839 dann doch von ihm trennt.

<u>1825</u>, *23. April* - Scheidung von Elise von Lützow, die daraufhin wieder ihren Mädchenname Gräfin von Ahlefeldt-Laurwig annimmt. Das Ehepaar hatte sich nach Ende der Befreiungskriege immer mehr auseinandergelebt. Trotz der Scheidung blieb ein enges freundschaftliches Verhältnis bestehen. Elise hat in der Folge bis zu ihrem Tod am 20. März 1855 nicht wieder geheiratet. In späteren Jahren soll sie die Scheidung als ihren größten Fehler bezeichnet haben.

30. August - Lützow erhält das Dienstauszeichnungskreuz.

Aus der Feder von Willibald Alexis (eigentlich Georg Wilhelm Heinrich Häring; 1798 - 1871) erscheint unter dem Titel „Die Geächteten" die erste Behandlung des Schillschen Zuges in Romanform.

1826 Erscheint die „Geschichte des Lützowschen Freikorps. Ein Beitrag zur Kriegsgeschichte der Jahre 1813 und 1814" von Adolf Schlüsser. Es kann davon ausgegangen werden, daß Lützow das Geschriebene autorisiert und Beiträge geliefert hat.

1829, *10. April* - Lützow heiratet Auguste v. Uebel, die Witwe seines jüngeren Bruders Wilhelm.

1830, *18. Januar* - Lützow wird der Rote Adlerorden II. Klasse mit Eichenlaub verliehen.

30. März - Lützow wird Kommandeur der 6. Kavallerie-Brigade, deren Stab sich anfangs in Erfurt, später in Torgau befindet.

1832, *24. September* - Verleihung des Sterns zum Roten Adler-Orden II. Klasse mit Eichenlaub an Lützow.

1833, *30. März* - Lützow wird zur Disposition gestellt. Der König plant aber eine weitere Verwendung Lützows, wie er diesem in einem Schreiben, das die Verleihung der 6. Kavallerie-Brigade an Prinz Albrecht bekannt gibt, so mitteilt: „*Und trage Ihnen daher auf, demselben* (Prinz Albrecht - d. Verf.) *die Brigade zu übergeben, ihn auch noch eine kurze Zeit mit Ihrer Mir wohlbekannten Diensterfahrung zur Seite zu stehen. Demnächst sollen Sie, bis Ich Ihnen eine andere Dienststelle erweisen werde, zu Meiner Disposition bleiben und können sich bis dahin einen beliebigen Aufenthaltsort innerhalb Meiner Staaten wählen, müssen denselben jedoch dem Kriegs=Ministerium anzeigen.*" (Zit. nach: Lützowsches Familienblatt, 2. Band, 1934, Nr. 33, S. 255) Lützow wählt Berlin als seinen Wohnort.

24. Mai - Der Magistrat der Stadt Torgau drückt sein Bedauern über den Weggang Lützows wie folgt aus: „*Ew. Hoch- und Hochwohlgeboren Abgang von Torgau hat in den Herzen seiner Bewohner ein schmerzliches Bedauern erregt. Wir können Hochdieselben nicht aus unseren Mauern scheiden sehen, ohne Ihnen für uns und im Namen der ganzen Stadt den tiefgefühltesten Dank für die in allen Verhältnissen von Ihnen bewiesene ausgezeichnete Humanität und Herzensgüte abzustatten und die aufrichtige Versicherung beizufügen, daß die hochachtungsvolle Erinnerung an ihren Biedersinn, Ihre Anspruchslosigkeit und an Ihr ganzes, nur Liebe und Vertrauen einflößendes Wesen hier nicht erlöschen wird, und daß die innigsten herzlichsten Wünsche für Ihr ferneres stetes Wohlergehen Sie von hier begleiten.*" (Zit. nach: Lützowsches Familienblatt, S. 255.)

1834, *9. Juni* - Drei Gräber auf der Lippewiese bei Wesel werden geöffnet und die Gebeine der 1809 erschossenen elf Schillschen Offiziere geborgen. Sie werden zur Zitadelle gebracht und in einen mit Blei ausgegossenen Sarg gelegt. Dieser wird am 16. September jenen Jahres in aller Frühe in einer neuen Gruft beigesetzt.

Generalmajor Adolph v. Lützow.

6. Dezember - Ein Nervenschlag beendet das Leben von Generalmajor Adolph Wilhelm Ludwig v. Lützow in Berlin im Alter von nur 52 Jahren und sieben Monaten.

10. Dezember - Lützow wird auf dem Garnisonfriedhof beigesetzt. In ihrer Nr. 290 berichtet die Königlich Privilegierte Berliner Zeitung: *„Berlin, am 10 ten Dezember. Diesen Morgen um halb zehn Uhr fand die feierliche Beerdigung des am 6 ten dieses* (Monats - d. Verf.) *verstorbenen General=Major von Lützow I. statt. In dem Trauerhause, im Thiergarten, im Winguthschen Hause (Hoffäger) hatten sich I.I. K.K. H.H. die Prinzen Wilhelm, Sohn und Bruder Sr. Majestät des Königs, Albrecht, Adalbert und der Herzog von Cumberland, ferner Se. Excellenz der Kriegsminister, General=Leutnant von Witzleben, eine ungemeine Anzahl von General=, Staabs= und Subaltern=Offizieren, ingleichen mehrere hohe Civilbeamte, unter denen sich Se. Excellenz, der wirkl. Geh. Rath und Kammerherr Hr. Alexander von Humboldt, und der wirkliche Geheime Ober=Regierungs=Rath Beuth befanden, und endlich viele der hier anwesenden Waffengefährten des Verstorbenen, die in seinem Frei=Corps in den Jahren 1813 und 1814 gedient hatten, nun aber meist in bürgerlichen Verhältnisse übergegangen sind, eingefunden. Nach halb zehn Uhr setzte sich der Trauerzug unter gedämpftem Trommelschall in Bewegung. Die Leichenparade, bei der üblicher weise die drei Waffengattungen, Cavallerie, Infanterie und Artillerie durch Abtheilungen vertreten waren, befehligte der Herr General=Major von Quadt. Sie wurde gebildet aus einer Escadron Garde=Cuirassiere, einer Compagnie des 2. Garde=Regiments und des Regiments Alexander und einer reitenden Batterie von vier Geschützen nebst den dazu gehörigen Musik=Corps. Hiernächst folgte der Leichenwagen, dem zwei Offiziere der Garde=Cuirassiere auf einem Kissen die Orden des Verstorbenen vorantrugen; Hut und Degen waren auf dem Leichenwagen befestigt. Demnächst folgten I.I. K.K. H.H. die oben genannt anwesenden Prinzen, sodann der Zug von Generalen, Staabs= und Subaltern=Offizieren, zu Fuß. Diesem schloß sich die lange Reihe der Wagen, welche von den Equipagen Sr. Majestät des Königs und der Prinzen des Hauses eröffnet wurde, an. Abwechselnd begleiteten die gedämpften Trommeln und feierliche, durch die Musik=Corps geblasene Choräle den Zug, der sich langsam die Thiergartenstraße hinabbewegte, dann die Querallee nach der Charlottenburger Chaussee einschlug und hierauf durch das Brandenburger Thor die Linden entlang, seine Richtung nach dem Garnison=Kirchhofe nahm. Am Brandenburger Thor hatte sich noch eine große Anzahl von Offizieren versammelt, die sich unter Führung Sr. K. H. des Prinzen Carl von hier aus dem Zuge anschlossen. Am Grabe nahm der Garnisonprediger Herr Ziehe das Wort. In seiner die Anwesenden tief ergreifenden Rede hob er die eigenthümliche Lebens- und Sinnesrichtung des Dahingeschiedenen bezeichnend hervor, indem er sich etwa folgendermaßen ausdrückte: 'Wir bestatten hier den kühnsten und glühendsten Rächer unserer Ehre. Er hatte insofern den Geist der Alten in sich aufgenommen, als der Gedanke des Vaterlandes und der Freiheit das Höchste war, was seine Seele erfüllt.*

Und darum dürfen wir ihm Glück wünschen, daß er das edle Ziel seines Strebens erreicht hat, ein freies Grab in freier Erde!´ - Am Schlusse der Rede ertönte der feierliche Bestattungs=Gruß des Kriegers; denn wie die Donner des Geschützes die höchste Momente seines lebendigen Wirkens begleiten, so ist es angemessen, daß sie auch dem ernsten Ereigniß, das seinem Wandeln auf der Erde den Grenzstein setzt, gleichsam das heilige Geleit des Diesseit, die erhabene Begrüßung des Jenseit für ihn bilden. - Die anwesenden Prinzen des Königlichen Hauses warfen selbst die erste Erde auf den Sarg, der die Asche des Helden zu der so vieler, ihm vorangegangenen, tapferen Kriegsgefährten gesellt, welche ringsum die Ruhestätte gefunden."

6. Erinnerungen an die Freikorps Schill und Lützow

1835, *31. März* - Feierliche Einweihung des nach einem Entwurf von Karl Friedrich Schinkel (1781 - 1841) geschaffenen Denkmals für die erschossenen elf Schillschen Offiziere über dem neuen Grabgewölbe in Wesel in Anwesenheit der Garnison und nahezu der gesamten Bürgerschaft der Stadt.

Die Einweihung des Denkmal für die elf Schillschen Offiziere in Wesel am 31. März 1835. Lithographie des Stadtarchivs Wesel (Foto von Ronald Mußler).

1837, *19. März* - Einweihung des Schilldenkmals in Braunschweig.

24. September - Das Haupt Ferdinand von Schills wird aus dem mit Weingeist gefüllten Gefäß entnommen und kann noch einmal gesehen werden. Es hatte sich wohl

Der Kopf Schills nach der Entnahme aus dem mit Weingeist gefüllten Gefäß in Braunschweig am 24. September 1837.

Das Denkmal für die in Braunschweig erschossenen Schillschen Unteroffiziere.

seit 1810 im anatomischen Kabinett des Professors Brugmann in Leyden befunden, kam nach dessen Tod 1819 in den Besitz des niederländischen Staates und wurde erst 1837 - nachdem die letztwillige Verfügung Brugmanns entdeckt war, wonach er dem Haupte Schills eine endliche Ruhestätte in deutscher Erde wünsche, von dessen Schüler Professor Blume Anfang September 1837 nach Braunschweig gebracht. Das Haupt Schills wird am Nachmittag am Fuße des Denkmals, unter dem sich die Gruft für die beigesetzten 14 Schillschen Unteroffiziere befindet, beigesetzt.

1839 Christian Ludwig Enoch Zander veröffentlicht seine „Geschichte des Kriegs an der Nieder-Elbe im Frühjahr 1813". In Alt Schwerin 1791 geboren, seit 1810 in Jena und Berlin studierend, hatte er als Freiwilliger Jäger, Oberjäger und dann Sekondeleutnant im I. Bataillon im Freikorps Lützow gedient. Seit 1819 Lehrer wird er 1845 als Direktor der Lauenburgischen Gelehrtenschule in Ratzeburg genannt.

1843 Nach dem Tod der Mutter Theodor Körners Johanna Maria Jacobina Körner (geb. 1762), kümmern sich die Großherzöge von Mecklenburg-Schwerin als Sachwalter der Körner-Stiftung um die Pflege der Grabstätte des Dichters und Lützower Jägeroffiziers, bis sie sich 1937 endgültig die NSDAP aneignet und ihrer für ihre Propaganda bedient.

1855, *20. Mai* - Gräfin Elise von Ahlefeldt-Laurwig stirbt in Berlin kurz vor ihrem 67. Geburtstag.

1859, *31. Mai* - Feier am Grabe Schills in Stralsund ohne preußisches Militär. Die Ehrensalven werden von den Bürgerschützen abgegeben. Das Grab wird nunmehr kirchlich eingesegnet.

1860 Der ehemalige Vertraute Schills Georg Bärsch, seinerzeit Sekondeleutnant und Adjutant im 2. Brandenburgischen Husaren-Regiment von Schill, veröffentlicht auf der Grundlage von Tagebuchaufzeichnungen seine bemerkenswerten Erinnerungen unter dem Titel „Ferdinand von Schill´sches Zug und Tod im Jahre 1809".

1865 Bis 1868 wird in Wöbbelin an der Grabstätte Theodor Körners eine Ehrenhalle errichtet.

1868 Das historische Schauspiel in fünf Akten „Colberg" des Dichters Paul Heyse (1830 - 1914) wird erstmals aufgeführt. Es erscheint bis 1914 in 180 Auflagen. Paul Heyse erhält 1910 als erster deutschsprachiger Dichter den Nobelpreis für Literatur. Sein Schauspiel dient als Vorlage für den 1945 uraufgeführten Film „Kolberg", ohne daß Heyse - sicher aufgrund der jüdischen Abstammung mütterlicherseits - als Autor genannt wird.

Szenenausschnitt aus dem Schauspiel "Colberg" von Paul Heyse.

1871 18. Oktober - In Dresden, der Geburtsstadt Theodor Körners, wird sein von Professor Ernst Hähnel (1811 - 1891) geschaffenes Standbild feierlich enthüllt.

1875, *28. März* - Einweihung des „Körner-Museum(s)" im Geburtshaus von Theodor Körner in Dresden. Das Museum fällt Mitte Februar 1945 der Bombardierung Dresdens durch die Alliierten zum Opfer.

1879 Von dem Bildhauer Hermann Hultzsch geschaffen, kommt eine Bronzebüste Theodor Körners in Wöbbelin hinzu.

1889, *27. Januar* - Das 1. Schlesische Husaren-Regiment Nr. 4 und das 1. Rheinische Infanterie-Regiment Nr. 25 erhalten durch A.K.O. Kaiser Wilhelms II. die ehrenden Namenszusätze „v. Schill" und „von Lützow", d.h. sie heißen nunmehr „Husaren-Regiment v. Schill (1. Schlesisches) Nr. 4" und „Infanterie-Regiment von Lützow (1. Rheinisches) Nr. 25". So heißt es im Hinblick auf letzteren Truppenteil: *„Ferner bestimme Ich, um die Hingebung und Aufopferung zu ehren, mit welcher das Lützowsche Freikorps im Jahre 1813 gegen die Fremdherrschaft gefochten hat, daß das 1. Rheinische Infanterie-Regiment Nr. 25 den Namen: 'Infanterie-Regiment von Lützow (1. Rheinisches) Nr. 25´ führt."* (Zit. nach: Hauptmann F. v. Jagwitz, Kurze Darstellung der Geschichte des Infanterie-Regiments von Lützow (1. Rheinisches) Nr. 25 1813 - 1889 Für die Unteroffiziere und Mannschaften, S. 82)

1892 Fritz v. Jagwitz, Major aggregiert dem Infanterie-Regiment von Lützow (1. Rheinisches) Nr. 25, legt mit seinem Werk „Geschichte des Lützowschen Freikorps" eine der quellenmäßig sehr fundierten Arbeiten zu diesem Thema vor.

1902 Frhr. Binder von Krieglstein, damals Oberleutnant im Feldartillerie-Regiment General-Feldzeugmeister (2. Brandenburgisches) Nr. 18 und kommandiert zum Großen Generalstab, legt eine umfassende, auf Aktenstudium beruhende Biographie Schills mit dem Titel „Ferdinand von Schill. Ein Lebensbild; zugleich ein Beitrag zur Geschichte der preußischen Armee" vor.

1903 2. Juli - Das vom Bildhauer Georg Meyer-Steglitz (1868 - 1929) geschaffene Nettelbeck-Gneisenau-Denkmal (siehe Tafel C) wird in Kolberg eingeweiht, jedoch 1945 zerstört.

1908 Oberst z. D. Paul Kolbe veröffentlicht das Buch „Schill und Lützow. Zwei wackere Männer aus schwerer Zeit".

1909 31. Mai - Einweihung des vom Bildhauer Hans Weddo v. Glümer (1867 - ?) geschaffenen Schill-Denkmals in Stralsund. Das Schill-Denkmal wurde anläßlich des 100. Todestages Ferdinand von Schills aufgestellt. Auf der Vorder-

Das Stralsunder Schill-Denkmal um 1910.

seite des steinernen Sockels steht in Goldlettern der Name „SCHILL". Auf der Rückseite des Sockels ist eine Tafel angebracht, die die Inschrift „Dem Andenken Ferdinand' s v. Schill und seiner Waffengefaehrten" enthält.

1911 In der Reihe „Urkundliche Beiträge und Forschungen zur Geschichte des Preußischen Heeres. Herausgegeben vom Großen Generalstabe, Kriegsgeschichtliche Abteilung II" erscheint in den Heften 16 -19 die Studie „Kolberg 1806/07".

1912 Bereits in der Frühzeit der Entwicklung der Filmkunst drehen Franz Porten (1859 - 1932; Vater der Schauspielerinnen Rosa und Henny Porten) und Gerhard Damman (1883 - 1946) in Berlin den patriotischen Großfilm „Theodor Körner. Von der Wiege bis zu seinem Heldentod".

1913 *26. August* - Anläßlich des 100. Todestages von Theodor Körner bei Rosenow wird an dem dortigen Denkmal ein bronzenes Porträtrelief von dem Mecklenburger Bildhauer Prof. Wilhelm Wandschneider (1866 - 1942) angebracht.

29. November - Der Große Kreuzer SMS Lützow, benannt nach dem Freikorpsführer, läuft vom Stapel und wird am 8. August 1915 in Dienst der Kaiserlich Deutschen Marine gestellt. SMS Lützow nimmt am 31. Mai 1916 an der Skagerrakschlacht teil, kann mit dem Schwesterschiff SMS Derfflinger den britischen Schlachtkreuzer HMS Invincible versenken, wird aber so schwer getroffen (115 Mann fallen), daß es am frühen Morgen des 1. Juni durch ein eigenes Torpedoboot versenkt werden muß. Oberst a. D. Noel richtet ein Gesuch an die Stadt Berlin, daß eine Erinnerungstafel am Sterbehaus Lützows angebracht wird. Der Bitte wird stattgegeben, allerdings verzögert sich die Anbringung durch den I. Weltkrieg.

1919 *17. Januar* - Major Hans v. Lützow (1876 - 1940) errichtet in Berlin das „Freikorps Lützow" in Stärke von etwa 1 400 Mann. Es kämpft für die sozialdemokratische Reichsregierung in Berlin, Braunschweig, München und Remscheid gegen kommunistische Räterepublikaner und die Rote Ruhrarmee. Wie in den Bürgerkriegskämpfen jener Zeit auf beiden Seiten typisch, weist das Vorgehen seiner Angehörigen gegen wirkliche und vermeintliche Gegner große Brutalität auf. So erschießen diese „Lützower" am 5. Mai 1919 unter Befehl des Feldwebels Erich Prüfert (1893 - ?) in Perlach bei München zwölf Arbeiter, meist Sozialdemokraten, die von dem evangelischen Geistlichen des Ortes, Pfarrer Robert Hell (1881 - 1936), als Kommunisten denunziert worden waren. In den Kämpfen gegen die Rote Ruhrarmee von Februar bis April 1920 wird das Korps wohl nahezu aufgerieben, Teile mit ihrem Führer von den Engländern interniert und es schließlich wohl aufgelöst.

1925, *9. August* - Zum 110. Jahrestag der Errichtung des Thüringischen Ulanen-Regiments Nr. 6 wird in Bad Langensalza ein Kriegerdenkmal enthüllt. Es erinnert an die Toten des Regiments, die in den Kriegen 1866, 1870/71 und dem Ersten Weltkrieg gefallen sind.

1932, *22. August* - Uraufführung des Films „Die elf Schill'schen Offiziere" im Berliner Marmorhaus. Es ist die zweite Verfilmung des Themas durch Rudolf Meinert (Buch und Regie), nachdem er bereits 1926 einen Stummfilm vorgelegt hatte. Der nunmehr im Sommer des Jahres von der „Märkische(n) Film G.M.B.H." produzierte

Film läuft erfolgreich in den deutschen Kinos. Als Schauspieler wirken u. a. Veit Harlan und Hans Brausewetter mit. Außer dem genannten Stummfilm aus dem Jahre 1926 ist der Stoff bereits 1909 („Der Heldentod der elf Schill´schen Offiziere zu Wesel") und 1912 („Die Erschießung der elf Schill´schen Offiziere") verfilmt worden. Im gleichen Jahr erscheint im Berliner „Vier Falken Verlag" der Roman „Horridoh

Der „Film-Kurier" von 1932 zum Film „Die elf Schill´schen Offiziere".

Lützow" (siehe dazu Tafel G), in dem der Schriftsteller Rudolf Herzog (1869 - 1943) das Leben und militärische Wirken des Freikorpsführers sehr eindrucksvoll porträtiert.
In Torgau gründet sich eine Lützow-Gruppe.

<u>1934</u> Von dem Schriftsteller Richard Kühn erscheint der Roman „Elise von Lützow und Lützows wilde Jagd".

<u>1937</u>, *15. März* - Die NSDAP eignet sich faktisch die Grab- und Gedenkstätte Theodor Körners in Wöbbelin an. Ihre Pläne einer großen Aufmarschstätte lassen sich nicht mehr verwirklichen, doch bis zum Anfang des Zweiten Weltkrieges 1939 wird noch das Körner-Museum, die heutige Mahn- und Gedenkstätte, errichtet. Mitte März 1945 werden hier allerdings noch einmal Schüler als „Panzergrenadiere" am Grab Theodor Körners vereidigt.

<u>1939</u>, *23. April* - Die Lützow-Kaserne in Aachen ist fertiggestellt und hat wohl gleich den Namen Lützow erhalten. Nachweisbar ist der Name 1944. Sie ist heute ein Baudenkmal und wird von der Bundeswehr durch die Technische Schule des Heeres genutzt.
15. November - Das Panzerschiff „Deutschland", als Panzerschiff „A" gebaut und am

Das Innere der Theodor-Körner Gedenkstätte in den 1930er Jahren.

19. Mai 1931 vom Stapel gelaufen, wird auf Vorschlag des Oberbefehlshabers der Kriegsmarine, Großadmiral Erich Raeder (1876 - 1960), in „Lützow" umbenannt und in einen Schweren Kreuzer umklassifiziert. Die Veröffentlichung dieser Maßnahmen erfolgt am 15. Februar 1940. Es ging darum, den Gegner über den Einsatz der „Deutschland" zu täuschen, den Verkauf des im Bau befindlichen wirklichen Schweren Kreuzers „Lützow" an die Sowjetunion zu verschleiern und vor allem zu vermeiden, daß ein Schiff mit dem Namen „Deutschland" versenkt werden könnte. In der Begründung der Seekriegsleitung heißt es: *„Bei der Notwendigkeit, die Panzerschiffe laufend einzusetzen und bei der naheliegenden Möglichkeit, daß ihre Operationen den vollen Einsatz der Schiffe erforderlich machen, muß auch der Verlust eines*

Das Panzerschiff „Lützow". Aufnahme von 1940.

Panzerschiffes durch überlegene Gegenwirkung in Rechnung gestellt werden. Es bedeutet einerseits eine höchst unerwünschte psychologische Belastung der Kriegsmarine und des ganzen deutschen Volkes, andererseits aber eine willkommene Gelegenheit für die propagandamäßige Ausschlachtung durch die Feindstaaten, wenn ausgerechnet ein Panzerschiff mit dem Namen DEUTSCHLAND der Vernichtung durch den Gegner anheimfällt. Die Änderung des Namens ist geeignet, die allgemeine psychologische Wirkung eines solchen Verlustes abzuschwächen." (Zit. nach: Gerhard Koop/Klaus-Peter Schmolke, Die Panzerschiffe der Deutschland-Klasse, Bonn 1993, S. 77)

<u>1945</u>, *30. Januar* - Uraufführung des Ufa-Farbfilms „Kolberg" in der belagerten Atlantik-Festung La Rochelle. Gleichzeitige Aufführungen erfolgen in Berlin im „Tauentzien-Palast" und im „Ufatheater". Der von Joseph Goebbels am 1. Juni 1943 in Auftrag gegebene Propagandafilm unter Regie von Veit Harlan und mit Kristina Söderbaum und Heinrich George in den Hauptrollen greift - natürlich vergeblich - die Episode um die Verteidigung Kolbergs 1807 auf, um im Sinne des „totalen Krieges" den Widerstandswillen des deutschen Volkes nochmals anzufeuern.

April - Als letzte deutsche Division wird aus der „Kampfgruppe Burg" und Resten versprengter Truppen im Bestand der 12. Armee östlich der Elbe die „Infanteriedivision Schill" nahe Magdeburg errichtet. Sie kämpft südlich der Autobahn Magdeburg-Potsdam und dann im Raum Brandenburg-Genthin gegen die Rote Armee. Letztlich gerät ein Großteil der Division in amerikanische Gefangenschaft; die Amerikaner liefern sie dann der Roten Armee aus.

<u>1952</u>, *16. Juli* - In der DDR würdigt Heinz Kamnitzer (1917 - 2001; Sohn eines jüdischen Drogisten; Historiker und Schriftsteller) im „Neuen Deutschland" die „deutschen Patrioten von 1812/13" und eröffnet damit einen Abschnitt in der DDR-Geschichtspropaganda, in der die Befreiungskriege mehrere Jahre einen bedeutsamen Platz einnehmen. In Wöbbelin wird das Körner-Museum, bis dahin Kindergarten und Schulgebäude, am 2. September wiedereröffnet und im folgenden Jahr der 140. Todestag Theodor Körners feierlich begangen.

<u>1955</u> Im Verlag Sport und Technik erscheint der historische Roman „Die Wälder leben" von Ernst Finster (1915 - 2001), der das Lützower Freikorps thematisiert.

<u>1956</u> Uraufführung des Schauspiels „Lützower" von Hedda Zinner (1905 - 1994) am „Deutschen Theater" in Berlin.
In Münster-Handorf wird mit dem Bau der Lützow-Kaserne begonnen. 1959 beziehen die ersten Einheiten der Bundeswehr die Kaserne. Heute sind hier Teile der Unteroffizierschule des Heeres, Feldjäger, Sanitäter und Musiker untergebracht.
Ähnlich wie in Münster-Handorf wird auch in Schwanewede bei Bremen 1956 mit dem Bau einer Lützow-Kaserne begonnen. Allerdings werden schon im Februar 1958 die ersten Einheiten in der Kaserne stationiert. Heute beheimatet sie das Kommando Schnelle Einsatzkräfte Sanitätsdienst, Teile der Logistikschule und das Bundeswehrdienstleistungszentrum Schwanewede.

<u>1959</u>, *12. September* - Die Bundeswehr nimmt an der 150-Jahr-Gedenkfeier für die in Wesel erschossenen elf Schillschen Offiziere und der Eröffnung des Schillmuseums (als erster Teil des zukünftigen Stadtmuseums) im Hauptgebäude der We-

seler Zitadelle mit dem Musikkorps XII und einer Ehrenkompanie des Wachbataillons sowie des Befehlshabers des Wehrbereichs III (Düsseldorf), Generalmajor Richard Schimpf (1897 - 1972; im Zweiten Weltkrieg Generalmajor der Luftwaffe und Ritterkreuzträger, 1957 Eintritt in die Bundeswehr), mit seinen Offizieren teil. Die eigentliche Gedenkfeier für die Schillschen Offiziere findet am späten Nachmittag am Schilldenkmal in Anwesenheit von Generalmajor Schimpf und des Generals der Infanterie a. D. Hermann Niehoff (1897 - 1980; im Zweiten Weltkrieg zuletzt Kommandant von Breslau, Ritterkreuz mit Eichenlaub und Schwertern) statt.

16. September - Die Stadt Wesel gedenkt der 150. Wiederkehr der Erschießung der elf Schillschen Offiziere und gibt zugleich den von Felix Richard verfaßten Band „Das Schicksal der 11 Schill´schen Offiziere. Ein Gedenkbuch" heraus.

September - Dezember - Der frühere Direktor der Heeresbücherei, Oberst a. D. Dr. Günther Gieraths, dem noch bis dahin nicht benutzte und veröffentlichte, ungedruckte Akten des 1945 wohl bei einem britischen Bombenangriff auf Potsdam zerstörten Heeresarchivs zugänglich waren, veröffentlicht in der „Zeitschrift für Heeres- und Uniformkunde" (Nr. 165 und 166 des Jahrgangs) einen zweiteiligen Beitrag unter dem Titel: „Handelte Schill auf eigene Faust?". Unter der Heranziehung der Protokolle von Vernehmungen zahlreicher Schillscher Offiziere schlußfolgert Gieraths, daß Schills Handeln zumindest von höchsten Stellen geduldet worden war. Dabei stützt er sich vor allem auch auf eine Aussage Kaiser Wilhelms I. (1797 - 1888; zweitältester Sohn der Königin Luise von Preußen), die der General der Infanterie Eduard v. Fransecky (1807 - 1890) wiedergibt. Als der General zweifelt, für den 24. Mai 1882 die Parole „DAMGARTEN" auszugeben, da die Schillsche Truppe strenggenommen desertiert sei, äußert sich Kaiser Wilhelm so: *„Diese Truppen sind durch ihren Kommandeur, der ihnen e i n e n B r i e f v o n m e i n e r M u t t e r vorlas, worin er zu dem Abmarsch angeregt worden, zu diesem Glauben an seinen Auftrag oder den Befehl veranlaßt worden; in diesem Glauben haben sie gekämpft, und ihre Taten sind als 'Preußische' anzusehen."* (Zit. nach: Gieraths, Nr. 166, S. 106)

1961, *Sommer* - In Gadebusch finden auf der dortigen Waldbühne die Theodor-Körner-Festspiele mit dem Schauspiel „Wo starke Herzen freudig glühten" von Gunter Nork mit 600 Akteuren statt.

1963, *10. Oktober* - Die Post der DDR gibt einen Satz von fünf Briefmarken zum „Nationalen Befreiungskampf" heraus. Dabei ist eine 25-Pfennig-Marke „Lützows Freischar vor dem Kampf" - ein Ausschnitt aus dem 1904 von Hans Kohlschein (1879 - 1948) geschaffenen Gemälde.

1965 Seit diesem Jahr wird im Gebäude des Körner-Museums in einer ersten KZ-Ausstellung auch derer gedacht, die ab dem 12. Februar bis zum 2. Mai 1945 in dem Konzentrationslager nahe Wöbbelin umkamen. Etwa 160 der mehr als eintausend Toten sind hier begraben. Bereits seit 1960 erinnert ein von Jo Jastram (geb. 1928) geschaffenes Mahnmal an diese KZ-Häftlinge.

1969 Im Deutschen Militärverlag erscheint die Untersuchung von Prof. Dr. Helmut Bock „Schill. Rebellenzug 1809". Sie erfährt mehrere Auflagen, zuletzt 1998.

1970, *8. Mai* - Stiftung des „Theodor-Körner-Preises" in einer Klasse durch den

Ministerrat der DDR. Er kann durch die Minister für Nationale Verteidigung, für Staatssicherheit und des Innern für die Schaffung bedeutender Werke der bildenden Kunst, der Musik, des Film- und Theaterschaffens und der Fernsehdramatik, die sich mit Problemen der NVA und der anderen bewaffneten Organe befaßten, verliehen werden.

<u>1972</u>, *1. September* - Erstaufführung des DEFA-Spielfilms „Lützower". Werner W. Wallroth dreht den vier Millionen Mark teuren Film im 70 mm-Format nach dem Schauspiel von Hedda Zinner. Am 30. März 1974 wird der Film auch im Fernsehen ausgestrahlt.

Pogrammheft zum DEFA-Spielfilms „Lützower".

<u>1976</u> Zum 200. Geburtstag von Ferdinand von Schill gibt die DDR eine 5-Mark-Münze heraus. Sie besteht aus Neusilber und zeigt den Husaren-Tschako und Säbel des Majors sowie seinen Namenszug und Geburts- und Todesjahr.

<u>1980</u>, *1. März* - Das mit Befehl des Ministers für Nationale Verteidigung der DDR am 1. November 1975 formierte und in Basepohl stationierte Hubschraubergeschwader der NVA erhält den Traditionsnamen „Adolf von Lützow".

<u>1984</u>, *22. März* - In Leipzig gründet sich im Rahmen des Kulturbundes der DDR die nunmehr älteste Traditionsgruppe an das Freikorps Lützow. Die Mehrzahl der Gründungsmitglieder kommt aus dem seit 1973 bestehenden Jugendklub „Theodor Körner", der sich nicht nur mit dem Leben und Werk des Dichters, sondern auch mit der Geschichte des Befreiungskampfes gegen die napoleonische Fremdherrschaft beschäftigte.
Zum 150. Todestages von Adolf von Lützow erscheint eine 5-Mark-Neusilber Gedenkmünze. Sie zeigt auf der Vorderseite drei Reitende Jäger des Freikorps, den Namenszug sowie Geburtsjahr und Todesjahr.

<u>1991</u>, *Februar* - Die Kaserne in Torgelow erhält den Namen „Ferdinand-von-Schill".

<u>1997</u>, *28. März* - Angeregt durch das nahegelegene Theodor-Körner-Denkmal im Rosenower Frost kommt es in Rosenberg zur Gründung der Interessengemeinschaft „Lützower Freikorps 1813".

<u>2000</u> Der Potsdamer Militärhistoriker Dr. Frank Bauer veröffentlicht seine Arbeit

„Horridoh Lützow! Geschichte und Tradition des Lützower Freikorps".

2002, *1. Oktober* - In das neue Stabsgebäude der Ferdinand-von-Schill-Kaserne in Torgelow zieht der Stab der Panzergrenadierbrigade 41 „Vorpommern".

Adolph v. Lützow und Ferdinand v. Schill.

ANLAGEN

In knapper Form ist versucht worden, die in der Literatur vorhandenen dienstlichen Angaben über die in den Freikorps Schill und Lützow befindlichen Offiziere zusammenzustellen. Dabei erweist sich die fehlerhafte Überlieferung, so bei der Schreibweise der Namen, bei den Dienststellungen und vor allem bei den Lebensdaten, als Problem. Die herangezogenen Werke liefern sehr unterschiedliche Angaben, Überprüfungen an den überlieferten Akten waren – bedingt durch die Vernichtung auch des preußischen Heeresarchivs bei der Bombardierung Potsdams am 14./15. April 1945 durch die Royal Air Force – nicht mehr möglich.

Aus Platzgründen mußte mit Abkürzungen gearbeitet werden, die militärischen sind:

a. D. – außer Dienst	**Adj.** - Adjutant	**aggr.** - aggregiert
Art. – Artillerie	**Brig.** – Brigade	**dim.** - dimittiert
Inf. – Infanterie	**Kapt.** - Kapitain	**Kav.** – Kavallerie
Kdr. – Kommandeur	**Landw.** - Landwehr	**Maj.** – Major
Oberj. – Oberjäger	**Oberstlt.** - Oberstleutnant	**P. Lt.** – Premierleutnant
p. l. m. – pour le mérite	**Regt.** – Regiment	**Reit.** – Reitende (r)
Rittm. - Rittmeister	**S. Lt.** – Sekondeleutnant	**St. Kapt.** – Stabskapitain
St. Rittm. – Stabsrittmeister	**Wachtm.** – Wachtmeister	**z. D.** – zur Disposition

Das Schillsche Korps 1807 *(nach dem Generalstabswerk über Kolberg)*

Kommandeur: Major Ferdinand Baptista v. Schill

I. Infanterie

001 Joseph v. Resten: früher in öst. Diensten; ab Dez. 1806 als St. Kapt. (Volontär-Offizier) im Korps Schill aggr.; 19.8.1811 als Kapt. dim., dann als Oberförster versorgt.

002 Christian Friedrich Engel v. Petersdorff: 1776 in der Priegnitz geb.; kurhann. P.Lt.; 31.3.1804 S. Lt. im Inf.-Regt. von Borcke (Nr. 30); Anf. Dez. 1806 in das Korps Schill; 9.3.1807 St. Kapt. und Orden p. l. m.; 22.5.1808 Kapt. im Batl. Schill; 1.3.1813 als Maj. in das Freikorps Lützow als Kdr. der Inf.; 1815 erster Kdr. des 25. Inf.-Regt.s; 5.4.1842 als Generallt. verabschiedet; 5.5.1854 gest.

003 Johann Friedrich Wilhelm v. Gruben I: aus Hinterpommern; 27.8.1794 Fähnrich im Inf.-Regt. von Rüchel (Nr. 30); 9.4.1807 P. Lt. im Korps Schill und Orden p. l. m.; 21.5.1808 St. Kapt. im Batl. Schill; 30.9.1816 als Oberstlt. verabschiedet; 25.4.1844 gest.

004 Johann Peter Carl v. Malotky: 26.9.1794 S. Lt. in der 1. Magdeburg. Füsilier-Brigade; 1806/07 im Korps Schill; 10.1.1817 Maj.; 5.6.1818 gest.

005 Carl Heinrich Ludwig v. Sydow: aus der Mittelmark; 12.9.1797 Fähnrich im Inf.-Regt. von Rüchel (Nr. 30); 1806/07 S. Lt. im Korps Schill; 28.8.1807 in Kolberg an Krankheit gest.

006 Ludwig Johann Heinrich v. Rüllmann: aus Schwed. Pommern, schwed. Dienste; 26.2.1798 Fähnrich im Inf.-Regt. Prinz Heinrich von Preußen (Nr. 35); 1806/07 S. Lt. im Korps Schill und Orden p. l. m.; 6.4.1815 als Maj. verabschiedet; 11.2.1839 gest.

007 Wilhelm Friedrich Ernst v. d. Marwitz: 3.12.1798 Fähnrich im Inf.-Regt. von Alt Larisch (Nr. 26); 1806/07 S. Lt. im Korps Schill; 16.3.1819 als Maj. verabschiedet; 6.5.1840 gest.

008 Ernst Ewald v. Gruben II: aus Hinterpommern; 2.4.1798 Fähnrich im Inf.-Regt. von Klinckowström (Nr. 28); 1806/07 S. Lt. im Korps Schill; 1.7.1807 an der Maikuhle verwundet und wenige Tage später gest.

009 Carl Friedrich Ferdinand Heinrich Alexander v. Falkenhayn: aus Preußen; 29.3.1799 Fähnrich im Inf.-Regt. von Kunheim (Nr. 1); 1806/07 S. Lt. im Korps Schill; 6.8.1807 in Kolberg an Krankheit gest.

010 Gustav Heinrich Ludwig v. Pannwitz: aus Hinterpommern; 9.7.1802 Fähnrich im Inf.-Regt. von Zenge (Nr. 24); 1807 S. Lt. im Korps Schill; 19.3.1807 bei Sellnow verwundet; schließt sich 1809 Schill an; 30.3.1832 Maj.; 26.2.1833 gest.

011 Ulrich August Wilhelm v. Quistorp: aus Schwed. Pommern; 2.11.1802 Fähnrich im Inf.-Regt. von Zenge (Nr. 24); 1807 S. Lt. im Korps Schill; 12.4.1807 auf der Westfront von Kolberg verwundet; Orden p. l. m.; schließt sich 1809 Schill an; 18.4.1836 als Oberstlt. verabschiedet; 6.12.1849 gest.

012 Johann Heinrich Friedrich Ernst v. Eggers: aus Mecklenburg-Strelitz; 19.6.1803 Fähnrich im Inf.-Regt. von Laurens (Nr. 56); 1806/07 S. Lt. im Korps Schill; 16.2.1807 bei Stargard verwundet; 8.9.1808 zum 2. Brandenburgischen. Hus.-Regt. versetzt; 27.5.1816 als St. Kapt. verabschiedet; 16.2.1819 gest.

013 Ernst Eugen Friedrich Wilhelm v. Wedel: aus der Neumark; 30.1.1806 Fähnrich im Inf. Regt. Prinz Heinrich von Preußen (Nr. 35); 1806/07 im Korps Schill; 15.4.1807 S. Lt.; 17.6.1807 beim Sturm auf Sellnow verwundet; schließt sich 1809 Schill an; 21.11.1825 in Torgau freiwillig als portug. Maj. a. D. gestellt; 18.4.1826 aus der Haft entlassen.

014 Carl Heinrich v. Frankenberg: aus Vorpommern; 20.4.1805 Fähnrich im Inf.-Regt. von Borcke (Nr. 30); 1806/07 im Korps Schill; 27.12.1807 S. Lt. im Batl. Schill; 16.11.1817 Maj.; 20.1.1818 gest.

015 Johann Joseph Ferdinand v. Mach: aus Hinterpommern; 2.5.1805 Fähnrich im Inf.-Regt. von Owstien (Nr. 7); 1806/07 im Korps Schill; 22.8.1807 S. Lt. im Batl. Schill; 27.8.1820 als Maj. verabschiedet; 30.5.1828 gest.

016 August Heinrich Curt v. Hertel: aus Schwed. Pommern; 29.3.1806 Fähnrich im Inf.-Regt. von Zenge (Nr. 24); 1807 im Korps Schill; 22.8.1807 S. Lt. im Batl. Schill; schließt sich 1809 Schill an; Juni 1809 beim Korps des Herzogs von Braunschweig-Oels; 1.10.1809 engl Kapt.; 1811 in Lissabon gest.

017 August v. Mach (evtl. auch oder und Friedrich als Vorname): wohl aus Hinterpommern; 1806/07 Fähnrich im Korps Schill; 22.8.1807 zum Batl. Schill versetzt; schließt sich 1809 als S. Lt. Schill an; 17.5.1820 als Kapt. in Baden verabschiedet; 20.1.1829 gest.

018 Carl George v. Mühlenfels: aus Schwed. Pommern; 1806/07 Fähnrich im Korps Schill; nach der Belagerung an Krankheit gest.

019 Eduard Friedrich Ludwig v. Barfuß: 1806 Fähnrich im Korps Schill; 1.12.1822 als P. Lt. ausgeschieden.

020 Friedrich August Ferdinand Kayser: Volontär 1806/07 im Korps Schill; Orden p. l. m.; Nov. 1807 S. Lt. im Batl. Schill; 18.11.1811 gest.

021 Philipp Müller: als Volontär 1806/07 im Korps Schill; 1813 im Freikorps Lützow; 8..1816 Abschied als Kapt.; 20.4.1822 gest.

022 Wilhelm Ludwig Carl v. Wulffen: 27.3.1804 Gefreiterkorporal im Inf.-Regt. von Winnig (Nr. 23); Juni 1807 im Korps Schill; 14.2.1839 mit Char. als Maj. verabschiedet; 22.1.1841 gest.

II. Kavallerie

023 Heinrich Caspar v. Wedel: aus Pommern; 3.2.1795 Fähnrich im Inf.-Regt. von Klinckowström (Nr. 22); 24.5.1806 P. Lt., dann im Korps Schill und Orden p. l. m.; 24.4.1810 verabschiedet.

024 Stephan v. d. Kettenburg: aus Mecklenburg; 5.3.1793 Fähnrich im Inf.-Regt. von Wegnern (Nr. 30); 1806/07 P. Lt. im Korps Schill; Jan. 1808 zum 2. Brandenbg. Hus.-Regt.; 27.9.1808 Stabsrittm.; schließt sich 1809 Schill an; 5.5.1809 bei Dodendorf gefallen.

025 Adolph v. Lützow

026 Carl Friedrich Eugen Ludwig v. Hirschfeld: 11.10.1794 Fähnrich im Inf.-Regt. Herzog von Braunschweig (Nr. 21); 1806 S. Lt. im Korps Schill; 30.3.1809 als Stabsrittm. verabschiedet, dann zum Korps des Herzog von Braunschweig-Oels; 17.1.1811 in Spanien an Wunden gest.

027 Carl Ehrhard Leopold v. Wedel: aus Ostfriesland; 19.4.1799 Fähnrich im Drag.-Regt. Pfalz-Bayern (Nr. 1); 1806/07 S. Lt. im Korps Schill und Orden p. l. m.; 7.1.1808 zum 2. Brandenbg. Hus.-Regt.; 31.8.1808 als Rittm. verabschiedet, 31.1.1810 als Stabsrittm. wieder angestellt; 10.2.1826 als Oberstlt. verabschiedet.

028 Carl Hans v. Brünnow: aus der Mittelmark; 4.2.1799 Kornett im Husaren-Regt. Goecking (Nr. 2); 1806/07 S. Lt. im Korps Schill und Orden p. l. m.; Oktober 1808 als P. Lt. zum 2. Brandenbg. Hus.-Regt.; schließt sich 1809 Schill an; 4.8.1814 als Maj. im 1. Hus.-Regt. der Russ.-Dt. Legion gest.

029 Carl Friedrich Ludwig v. Halletius: 6.10.1798 Kornett im Regt. Bosniaken (Nr. 9); 1806/07 S. Lt. im Korps Schill; 1808 zum 2. Brandenbg. Hus.-Regt.; schließt sich 1809 Schill an, fällt in Stralsund.

030 Ernst v. Diezelsky: aus Pommern; 9.10.1800 Fähnrich im Drag.-Regt. Pfalz-Bayern (Nr. 1); 1806/07 S. Lt. im Korps Schill und Orden p. l. m. für das Gefecht bei Mahnwitz gegen poln. Insurgenten; 12.4.1807 auf der Westfront von Kolberg verwundet; 1808 zum 2. Brandenbg. Hus.-Regt.; 23.5.1808 P. Lt.; schließt sich 1809 Schill an; 5.5.1809 bei Dodendorf gefallen.

031 Friedrich Matthias Bernhard v. Lilienthal: aus Vorpommern; 23.2.1803 Fähnrich im Drag.-Regt. Ansbach-Bayreuth; 1806/07 S. Lt. im Korps Schill; 1808 zum 2. Brandenbg. Hus.-Regt.; 13.5.1845 Char. als Maj.; 18.3.1852 gest.

032 Carl Friedrich v. Bernhardi: 1.8.1801 Kornett im Hus.-Regt. von Köhler (Nr. 7); 1806/07 S. Lt. im Korps Schill; 1808 zum 2. Brandenbg. Hus.-Regt.; 9.12.1854 als Oberstlt. verabschiedet; 4.6.1859 gest.

033 Friedrich Elderhorst: aus hannöv. Dienst; 23.8.1806 S. Lt. dem Hus.-Regt. von Usedom (Nr. 10) aggr.; 1806/07 im Korps Schill, scheidet aber aus; 6.3.1808 verabschiedet; 19.7.1837 gest.

034 Friedrich Ludwig v. Heintze: aus Litauen; 13.1.1806 Fähnrich im Drag.-Regt. Ansbach-Bayreuth; 1806/07 S. Lt. im Korps Schill; 6.1.1807 bei Wollin verwundet; 16.4.1808 zum 2. Brandenbg. Hus.-Regt.; 27.7.1815 verabschiedet.

035 Samuel Friedrich Jaeckel: 1807 S. Lt. im Korps Schill; 14.3.1808 verabschiedet, wohl 1841 gest.

036 Daniel Schmidt: Reit. Feldjäger; 1807 Volontär im Korps Schill; 1808 Volontär-Offizier im 2. Brandenbg. Hus.-Regt.; schließt sich 1809 Schill an; in Wesel erschossen.

037 Carl Ernst Gerhard v. Stempel: aus der Neumark; 1.11.1798 Fähnrich im Inf.-Regt. von Ruits (Nr. 8); 1806/07 Volontär-Offizier im Korps Schill; 12.2.1808 als S. Lt. verabschiedet.

038 Carl v. Normann: aus der Neumark; sächs. Dienste; im Korps Schill Volontäroffizier.

039 Friedrich Lüttke (auch Lüttdke oder Lükke): aus Pommern; früher im Hus.-Regt. von Rudorff (Nr. 2); im Korps Schill Volontär.

III. Jäger

040 Johann Ehrenfried Otto: aus Schlesien; Forstmeister; 1806/07 ein eigenes Korps in Pommern errichtet, dann zu Schill gestoßen, 25.8.1808 Patent als Kapt.; 25.12.1808 zum Ostpreuß. Jäger-Batl. versetzt; 25.5.1809 abgegangen; bei Stepenitz ertrunken.

041 Ernst Zabel Wedig v. Arenstorff: aus Mekklenburg-Schwerin; 11.2.1789 Fähnrich im Inf.-Regt. von Schönfeld (Nr. 30); 1806/07 St. Kapt. im Korps Schill und Orden p. l. m.; 21.5.1808 als Kapt. zum Inf.-Batl Schill versetzt; 18.11.1808 als Maj. verabschiedet; 24.5.1816 gest.

042 Johann Romnald v. Koc: aus Neuostpreußen; 29.3.1803 Fähnrich im Inf.-Regt. von Alt Larisch (Nr. 26); 1806/07 S. Lt. im Korps Schill; 17.6.1807 auf der Westfront von Kolberg verwundet; Orden p. l. m.; Sept. 1810 gest.

043 Carl Heinrich v. Blottnitz: aus Südpreußen; Fähnrich im Inf.-Regt. von Puttkammer (Nr. 36); 1806/07 im Korps Schill; 9.8.1807 S. Lt.; schließt sich 1809 Schill an; dann beim Herzog von Braunschweig-Oels; 1820 als Kapt. des preuß. Inf,.-Regt.s Nr. 31 gest.

044 August Jaene (auch Jäne): aus der Kurmark; Inspekt. Sekretär; 21.4.1807 Volontär-Offizier im Korps Schill; 22.8.1807 verabschiedet.

IV. Artillerie

045 Carl Friedrich Schaale: aus Brandenburg; 2.11.1797 S. Lt. im Feldartillerie-Korps; 1806/07 im Korps Schill; 10.6.1815 Kapt.; 28.6.1820 verabschiedet; 19.10.1821 gest.

046 Johann Gottlob Carl Fabe: aus Cottbus; 15.9.1806 Trainoffizier (S. Lt.) bei der Art.; 1807 im Korps Schill; Orden p. l. m. für die Verteidigung von Naugard am 17.2.1807; 15.4.1815 Abschied als Kapt.; 11.6.1828 gest.

V. Unterstab

047 Carl Friedrich Kersten: aus Preußen; Reit. Feldjäger; 1806/07 Quartiermeister im Korps Schill; 21.1.1821 verabschiedet.

048 Dr. Friedrich Hartmann (ev. auch oder und Gottlob als Vorname): 1806 Regiments-Chirurg bei der Warschauer Füs.-Brig.; 1806/07 im Korps Schill; 1808 zum Inf.-Batl. Schill versetzt; 11.6.1843 Char. als Generalarzt; 24.3.1864 gest.

Das Schillsche Freikorps 1809 *(vorwiegend nach Binder von Krieglstein)*

Kommandeur: Major Ferdinand Baptista v. Schill

049 F. v. Alvensleben: 1806 S. Lt. im Inf.-Regt. von Kleist (Nr. 5); 1809 im Dienst des Herzogs von Anhalt-Köthen, schließt sich Schill an; 1816 als preußischer Maj. dim.

050 A. v. Alvensleben: schließt sich Schill in Rostock an; soll 1825 als pensionierter preuß. Maj. gest. sein.

051 C. E. v. Alvensleben-Zichtau: fällt am Kniepertor.

052 Georg Bärsch: 1778–1862; 1806 Lazarettinspektor, dann Oberj. und Offizier im Krokkow´schen Freikorps; 1808 an Bildung des Tugendbundes beteiligt; während des Schillschen Zuges als S. Lt. rechnungsführender Offizier und zweiter, dann erster Adj. im 2. Brandenbg. Hus.-Regt.; 1848 als Regierungsrat verabschiedet.

053 Benada: Volontäroffizier im Korps Schill; dann bis 1810 beim Herzog von Braunschweig-Oels; soll in russische Dienste getreten sein.

054 Wilhelm v. Bernhardi: siehe unter 052 (dort allerdings andere Vonamen).

055 v. Billerbeck: 1806 S. Lt. im Hus.-Regt. von Rudorff (Nr. 2), 1808 im 2. Brandenbg. Hus.-Regt.; in Stralsund verwundet in Gefangenschaft, dort einige Tage später im Lazarett gest.

056 Friedrich v. Bismarck, aus dem Hause Schönhausen: 13.4.1784 in Rathenow geb.; 2.4.1798 Kornett und Oktober 1802 S. Lt. im Leib-Karabinier-Regt.; 1809 zum 2. Brandenbg. Hus.-Regt.; führt dem Freikorps eine Eskadron Husaren zu; 8.5.1813 S. Lt.; 4.11.1813 P. Lt.; 21.12.1814 dim.; 1846 gest.

057 Friedrich Dionys Ludwig v. Blankenburg: 12.1.1786 in Stargard geb.; 1798 Gefreiterkorporal und 1806 S. Lt. im Inf.-Regt. von Pirch (Nr. 22); führt 1808 das Detachement Reit. Jäger des 2. Brandenbg. Hus.-Regt.s, in Stralsund verwundet; 1810 dim.; 31.1.1840 mit dem Char. als Generallt. verabschiedet; 22.1.1850 gest.

058 Carl Heinrich v. Blottnitz: siehe unter 043.

059 Alexander Frhr. v. Blomberg: 1806 Fähnrich im Inf.-Regt. von Schenck (Nr. 9); schließt sich 1809 Schill an; fällt 25jährig am 29. Februar 1813 als Angehöriger des Stabe Tettenborns beim Angriff auf das Landsberger Tor von Berlin als erstes deutsches Opfer der Befreiungskriege.

060 v. Blum: keine genauen Angaben zur Herkunft; schließt sich 1809 Schill an; weiteres Schicksal ebenfalls unbekannt.

061 Gustav Friedrich v. Bornstädt (auch Bornstedt): 29.4.1781 in der Altmark geb.; 1801 S. Lt. im Kür.-Regt. von Borstell (Nr. 7); 7.4.1809 Char. als Rittm.; schließt sich 1809 Schill an; 1.3.1813 als Stabsrittm. bei der Kav.; 8.5.1813 Rittm.; 31.8.1814 Maj.; 29.3.1815 im 6. Ul.-Regt.; 21.3.1820 gest.

062 Wilhelm v. Bornstädt (auch Bornstedt): jüngerer Bruder des vorherigen B.; 1806 S. Lt. im Inf.-Regt. von Tschammer (Nr. 27); schließt sich 1809 Schill an; 1816 aus dem Militärdienst und Oberförster in Grünau; 1826 am Berg Rigi tödlich verunglückt.

063 Alexander v. Bothmer: Referendar in Berlin; schließt sich 1809 Schill an; 1813 im Korps Wallmoden; nach den Befreiungskriegen in hann. Militärdienst; 1840 als Generalmaj. gest.

064 Karl Brée: wohl Gutsverwalter; schließt sich 1809 Schill als Volontäroffizier an; 1813 S. Lt. im Detachement des Majors Heinrich v. Schill; 1836 als Rittm. verabschiedet und Stallmeister im Marstall in Potsdam; 1838 gest.

065 Carl Hans v. Brünnow: siehe unter 028.

066 Franz Cnuppius: 1793 in Ziegenort bei Stettin geb.; 1809 Freiwilliger im 2. Brandenbg. Hus.-Regt., schließt sich Schill, wohl als Volontäroffizier, an; Febr. 1813 bei der Kav. eingetreten; zum S. Lt. avanciert; bei Kitzen schwer verwundet gefangen; 1840 Präses der Remonte-Ankaufs-Kommission in Preußen und Westfalen; 7.10.1847 Oberstlt.; 17.1.1849 gest.

067 Georg v. Dalwigk: aus Hessen; in die Unternehmung des Obersten v. Dörnberg verwickelt; schließt sich Schill als Volontäroffizier an; 1813 im Freikorps Lützow im Gefecht an der Göhrde schwer verwundet; verabschiedet; Titularförster; 1830 gest.

068 August Ludwig Hartwig v. Dassel: aus Lüneburg; 1798 Gefreiterkorporal im Inf.-Regt. von Tschammer (Nr. 27); schließt sich 1809 Schill an; 8.6.1847 mit Char. als Generalmaj. verabschiedet; 12.6.1868 gest.

069 Ernst v. Diezelsky: siehe unter 030.

070 Gustav Enig: schließt sich 1809 als Reit. Feldjäger Schill an; 1820 Rittm.; später verabschiedet und Oberförster in Preußisch-Eylau.

071 E. v. Eschwege: schließt sich Schill bei Magdeburg an, dann im Dienste des Herzog von Braunschweig-Oels; Ende der 1850er Jahre Braunschw. Geh. Kammerrat.

072 v. Eyb: 1806 S. Lt. im Inf.-Regt. von Hagken (Nr. 44); schließt 1809 als Reit. Feldjäger Schill an, verliert in Stralsund den rechten Arm und stirbt im Lazarett.

073 Friedrich Felgentreu: eilt 1809 als Freikorporal der Art. in Berlin Schill nach, organisiert die Art., Volontäroffizier, in Wesel erschossen.

074 Fischer: Unteroffizier, unter Schill Volontäroffizier, muß dann in den Unteroffizierstand zurücktreten, späteres Schicksal unbekannt.

075 Frick: Unteroffizier, unter Schill Volontäroffizier, muß dann in den Unteroffizierstand zurücktreten, späteres Schicksal unbekannt.

076 Ernst Friedrich v. Flemming: 1806 S. Lt. im 6. Ostpreuß. Res.-Batl., schließt sich am 30. Mai 1809 Schill an, in Wesel erschossen.

077 Karl v. François: 27.5.1785 geb.; 1803 Fähnrich im Inf.-Regt. Graf Wartensleben (Nr. 59); schließt sich 1809 Schill an; 31.3.1846 Generallt.; 12.4.1851 Abschied; 9.2.1855 gest.

078 Karl Friedrich v. Fro(h)reich: schließt als Portepeefähnrich 1809 Schill an, dän. Gefangenschaft; 1818 aus preuß. Dienst ausgeschieden und als Oberförster versorgt.

079 Johann Fromme: 1806 Kornett im Hus.-Regt. von Schimmelpfennig (Nr. 6); schließt sich 1809 Schill an; 1837 Abschied aus bayr. Militärdienst.

080 Ferdinand v. Fuchs I: 1806 Fähnrich im Inf.-Regt. von Tresckow (Nr. 17), schließt sich 1809 Schill an; 1814 als Hauptmann im 6. Schles. Landwehr-Regt. verabschiedet und als Oberförster versorgt.

081 v. Fuchs II: inaktiver Offizier; schließt sich 1809 Schill an; 1846 Oberst und Kdr. des 3. Inf.-Regt.s.

082 Konstantin Nathanael Gabain: 1784 geb.; 1807 S. Lt. im Inf.-Regt. Kurfürst von Hessen (Nr. 48); schließt sich 1809 Schill an, in Wesel erschossen.

083 Ferdinand Galle: Berliner; Unteroffizier im 2. Brandenbg. Hus.-Regt.; von Schill zum Volontäroffizier ernannt; in Wesel erschossen.

084 Karl v. d. Goltz: 1806 S. Lt. im Inf.-Regt. von Kleist (Nr. 5), schließt sich 1809 Schill an; am 25. Mai in Stralsund im Straßenkampf gefallen.

085 Karl v. Hagen: 1806 S. Lt. im Inf.-Regt. Herzog von Braunschweig (Nr. 21); schließt 1809 Schill an; fällt 1814 als St. Kapt. im 1. Garde-Regiment zu Fuß.

086 Carl Friedrich Ludwig v. Halletius: fällt in Stralsund nach heftiger Gegenwehr (21 Wunden); siehe unter 029.

087 Heinrich Ludwig v. Heiligenstädt I (auch Heyligenstädt): 1806 Auditeur im Inf.-Regt. Graf Wartensleben (Nr. 59); schließt sich 1809 Schill an; August 1813 S. Lt. und Kompanieführer im III. Batl. des Freikorps Lützow; Dez. 1813 als P. Lt. 1814 dim.; 1835 gest.

088 v. Heiligenstädt II: Bruder des vorherigen; 1806 S. Lt. im Inf.-Regt. Herzog von Braunschweig (Nr. 21); schließt 1809 Schill an; stirbt im Stralsunder Lazarett
(Anmerkung: Ein Bruder beider, ehem. preuß. Offizier, kämpft als dän. Kapt. in Stralsund.)

089 Hellwing: 1808 S. Lt. im 2. Brandenbg. Hus.-Regt., bei Dodendorf verwundet; fällt 1814 bei Laon.

090 August Heinrich Curt v. Hertel: siehe unter 016.

091 Wilhelm v. Herzberg: 1806 Kornett im Hus.-Regt. von Blücher (Nr. 8); 1808 S. Lt. im 2. Brandenbg. Hus.-Regt.

092 H. G. C. v. Heuduck: Postbeamter; 1809 bei den Reit. Jägern im 2. Brandenbg. Hus.-Regt. eingetreten, nach Dodendorf Volontäroffizier; 1981 Generalmaj. und Kdr. der 1. Kav.-Brig., 1847 z. D.

093 Wilhelm v. d. Horst: 19.10.1786 geb.; 1806 Kornett im Hus.-Regt. Herzog Eugen von Württemberg (Nr. 4); 1807 im Korps Schill;

1808 S. Lt. im 2. Brandenbg. Hus.-Regt; 6.4.1848 Abschied als Generallt.; 26.1.1874 gest.

094 Leopold Jahn: Pächterssohn; 1806 S. Lt. im Hus.-Batl. von Bila; 1808 Adj. im 2. Brandenbg. Hus.-Regt.; Anfang 1809 mit schlichtem Abschied entlassen; schließt sich Schill an, in Wesel erschossen.

095 J. A. E. B. v. Kahlden: soll bereits 1806 als S. Lt. im Inf.-Regt. von Kleist (Nr. 5) den Abschied erhalten; schließt sich 1809 Schill an; als Maj. verabschiedet.

096 Karl v. Keffenbrink: aus Hinterpommern; soll Gefreiterkorporal gewesen sein; schließt sich 1809 Schill an, in Wesel erschossen.

097 Adolf v. Keller: 1806 S. Lt. im Inf.-Regt. Prinz von Oranien (Nr. 19), dann verabschiedet; schließt sich 1809 Schill an, in Wesel erschossen.

098 Ernst v. Kessel: 1806 Kornett im Hus.-Regt. von Gettkandt (Nr. 1); schon 1807 im Korps Schill; 1808 S. Lt. im 2. Brandenbg. Hus.-Regt., bei Dodendorf schwer verwundet; 1848 als Maj. a. D. beim Traindepot in Posen.

099 Hartwig v. d. Kettenburg: siehe unter 024 (dort mit dem Vornamen Stephan).

100 F. v. Klöden: 1806 P. Lt. im Inf.-Regt. von Kleist (Nr. 5), dann verabschiedet; schließt sich 1809 Schill an; 1821 als Kapt. der Landgendarmerie verabschiedet; 1842 gest.

101 Karl v. Krottenaurer: 1806 S. Lt. im Hus.-Regt. von Blücher (Nr. 8); 1808 im 2. Brandenbg. Hus.-Regt.; 1809 beurlaubt; eilt Schill nach; 1813 im Detachement des Majors Heinrich v. Schill; Grenzkontrolleur; 1820 pensioniert.

102 E. W. v. Ku(h)nheim: 1809 als Rittm. dem 2. Brandenbg. Hus.-Regt. aggr.; verläßt das Korps in Tangermünde mit Erlaubnis Schills; geht 1816 als Maj. und Kreisbrigadier der Gendarmerie ab.

103 v. Ledebur: 1806 S. Lt. im Inf.-Regt. von Zweiffel (Nr. 45); schließt sich 1809 Schill an und führt die Pikeniere; geht 1810 nach Rußland, dort verschollen.

104 Wilhelm v. Lilienthal I: 1806 als S. Lt. im Drag.-Regt. Königin (Nr. 5) verabschiedet; 1808 im 2. Brandenbg. Hus.-Regt. eingereiht; geht 1825 als P. Lt. ab.

105 Friedrich v. Lilienthal II: siehe auch unter 031, aber abweichende Angaben. Hier 1837 als Maj. verabschiedet.

106 Lü(dt)ke: siehe unter 039, aber abweichende Angaben. Hier als Unteroffizier im Hus.-Regt. von Rudorff (Nr. 2) genannt; 1807 im Korps Schill; 1808 Volontäroffizier im 2. Brandenbg. Hus.-Regt.; bei Dodendorf gefallen.

107 Leopold v. Lützow: 26.3.1786 in Berlin geb.; 1806 Fähnrich im Regiment Garde (Nr. 15); schließt sich 1809 Schill an, dann in anderen Diensten; 30.3.1839 Generallt.; 1843 Chef der Landgendarmerie und Kommandant von Berlin; 29.8.1844 gest.

108 Karl Maaß: 1807 Unteroffizier im Korps Schill; 1808 im 2. Brandenbg. Hus.-Regt.; 1809 Volontäroffizier; später Wachtm. im Kür.-Regt Nr. 6.

109 Johann Joseph Ferdinand v. Mach: siehe unter 015, aber Ergänzung: versucht 1809 Schill zu folgen, wird ergriffen, kann von Spandau fliehen.

110 v. Marsch gen. v. Wedel: Sohn eines Artillerieoffiziers, vom Bruder seiner Mutter adoptiert; 1806 Fähnrich im Drag.-Regt. von Irwing (Nr. 3), soll sich 1809 Schill angeschlossen haben; 1827 engl. Rittm. a. D.; soll 1828 in Berlin gest. sein.

111 Friedrich Franz Graf v. Moltke: 1806 Kornett im Regt. Gensd´armes; 1808 S. Lt. im 2. Brandenbg. Hus.-Regt.; 1813 als Rittm. der Garde du Corps und Bote Blüchers vom Sieg in der Schlacht an der Katzbach in dieser ertrunken.

112 Friedrich Wilhelm Mons: als Unteroffizier im 2. Brandenbg. Hus.-Regt. von Schill zum Volontäroffizier ernannt; 1840 S. Lt. und Rechnungsführer im Drag.-Regt. Nr. 4.

113 Wilhelm August v. Mosch: 1806 S. Lt. im Inf.-Regt. Kurfürst von Hessen (Nr. 48); schließt sich 1809 Schill als Adj. von der Inf.

an, in Stralsund schwer verwundet; 1822 Char. als Maj.; nahm noch 1859 an der Gedächtnisfeier in Stralsund teil.

114 Johann Friedrich Mundt: 1809 in Dodendorf zum Unteroffizier befördert, versieht vielfach Offizierdienste, 1837 als Maj. im 4. Hus.-Regt. ausgeschieden, 1848 gest.

115 Gustav Heinrich Ludwig v. Pannwitz: siehe unter 010.

116 Friedrich Gustav Petersson: früherer schwed. Artillerieleutnant, bietet Schill in Stralsund seine Dienste an, am 4. Juni 1809 standrechtlich erschossen.

117 Wilhelm Poppe: Unteroffizier bei Schill bereits in Kolberg; in Stralsund Volontäroffizier, später wohl wieder Unteroffizier.

118 Friedrich Ludwig Erdmann August Graf Pückler: 29.5.1786 in Schweidnitz geb.; 1806 S. Lt. im Drag.-Regt. von Prittwitz (Nr. 2); 1809 dem 2. Brandenbg. Hus.-Regt. aggr.; 3.7.1856 als Generallt. z. D. gest.

119 Ernst v. Quistorp I: 1806 S. Lt. im Regt. Gens d´armes (Kür.-Regt. Nr. 10); 1808 im 2. Brandenbg. Hus.-Regt.; 3 Jahre Festungshaft, da er einen Husaren erschießen ließ; danach schwed. Dienste und Adj. Bernadottes; 1836 als Oberstlt. verschiedet, 1849 gest.

120 Ulrich August Wilhelm v. Quistorp II: siehe unter 011.

121: Karl Friedrich Wilhelm Reyer: 21.6.1786 in Groß-Schönebeck geb.; 1802 Gemeiner im Inf.-Regt. von Winning (Nr. 23); 1.7. 1807 als Wachtm. zur Kav. Schills; in Stralsund verwundet; 1810 S. Lt.; 1828 geadelt; 1850 Chef des Generalstabes; 1855 General der Kav., 7.10.1857 gest.; erarbeitete Manuskripte zu beiden Unternehmungen Schills.

122 Adolf Friedrich August v. Rochow I: 1806 Fähnrich im Regiment Garde zu Fuß (Nr. 15); schließt sich 1809 Schill an; 1820 als Maj. verabschiedet; 1847 Präsident des vereinigten Landtages in Preußen; 1869 gest.

123 Karl Wilhelm v. Rochow II: 1806 S. Lt. im 2. Art.-Regt.; schließt sich 1809 Schill, der ihm die Führung der Art. überträgt, an; nach Auflösung der Freischar verschwunden; 1814 gest.

124: A. v. Rohr: 1806 S. Lt. im Drag.-Regt. von Katte (Nr. 4); schließt sich 1809 Schill an; 1818 Maj. im 5. Kür.-Regt.; 1820 verabschiedet.

125 Friedrich v. Rudorff: 1806 S. Lt. im Hus.-Regt. von Gettkandt (Nr. 1); wohl schon 1807 bei Schill; 1808 im 2. Brandenbg. Hus.-Regt.; 1815 als Rittm. im 4. Kurmärk. Landw-Kav.-Regt. gest.

126 Daniel Schmidt: aus Berlin, Reit. Feldjäger; Volontäroffizier im 2. Brandenbg. Hus.-Regt.; in Wesel erschossen.

127 Theodor v. Sebisch: 1806 S. Lt. im Inf.-Regt. von Tschammer (Nr. 27); schließt sich 1809 Schill an; nach dem Zug als P. Lt. mit Erlaubnis, in fremde Dienste zu gehen, verabschiedet; 1810 mit dem Herzog von Braunschweig-Oels nach Spanien; später in der Armee Hannovers.

128 Bogislaw v. Stankar I: 1806 S. Lt. und Adj. im Inf.-Regt. von Möllendorf (Nr. 25); 1809 verabschiedet, schließt sich Schill an; bei Dodendorf verwundet und verschwunden.

129 F. G. St. V. Stankar II: 1806 S. Lt. im Inf.-Regt. von Winning (Nr. 23); 1808 beim Leichten Batl. des Leib-Regt.s, entweicht mit v. Quistorp und schließt sich Schill an; entweicht im Juni 1809 nach Übertritt auf preuß. Gebiet nochmals, wird kassiert; 1813 wiederangestellt; 1838 Maj. im 9. Inf.-Regt.; als Oberstlt. verabschiedet.

130 G. Stock: 1806 S. Lt. im Hus.-Regt. von Pletz (Nr. 3); wohl schon 1807 bei Schill; 1808 im 2. Brandenbg. Hus.-Regt., bei Dodendorf gefallen.

131 Erdmann v. Stössel: 1806 S. Lt. im Drag.-Regt. von Pritwitz (Nr. 2); wohl schon 1807 bei Schill; 1808 im 2. Brandenbg. Hus.-Regt., bei Dodendorf gefallen.

132 Ludwig v. Strantz: 27.10.1788 in Landsberg a. d. Warthe geb.; 1806 Kornett im Kür.-Regt. von Quitzow (Nr. 6); 1808 S. Lt. im 2. Brandenbg. Hus.-Regt.; 29.3.1815 als Rittm. und Esk.-Chef zum 6. Ul.-Regt.; 3.2.1833 Kdr. des 9. Hus.-Regt.s; 19.4.1836 Oberst; 4.1.1839 gest.

133 Friedrich v. Stwolinski: schließt sich schon 1807 Schill an; 1808 S. Lt. im 2. Brandenbg. Hus.-Regt.; 1827 als P. Lt. des 17. Landw.-Regt.s gest.

134 C. D. v. Tempsky: schon vor 1806 als S. Lt. im Inf.-Regt. von Larisch (Nr. 26) verabschiedet; schließt sich 1809 Schill an, danach zum Korps des Herzogs von Braunschweig-Oels.

135 Karl Friedrich Wilhelm v. Trachenberg: 1806 Fähnrich im Inf.-Regt. von Tschammer (Nr. 27); verabschiedet; schließt sich 1809 Schill an, in Wesel erschossen.

136 Karl Ludwig Trützschler v. Falkenstein: 1806 S. Lt. im Füs.-Batl. von Sobbe; verabschiedet; schließt sich 1809 Schill an; 1847 Generalmaj. und Kdr. der 2. Inf.-Brig.; 1856 Char. als Generallt.; 1866 gest.

137 Ulrich v. Voigt: 1806 S. Lt. im Inf.-Regt. von Tschammer (Nr. 27); 1809 bei den Reit. Jägern des 2. Brandenbg. Hus.-Regt.s; bei Dodendorf gefallen.

138 Albert Hans Gustav v. Wedel: 1906 Gefreiter-Korporal im Inf.-Regt. Prinz Louis Ferdinand von Preußen (Nr. 20); schließt sich 1809 Leopold v. Lützow an; in Wesel erschossen.

139 Heinrich Ferdinand v. Wedel: 26.5.1785 in Halle a. S. geb.; 1806 S. Lt. im Inf.-Regt. Prinz Louis Ferdinand von Preußen (Nr. 20); schließt sich 1809 Schill an; bei Dodendorf gefangen; Galeerenstrafe in Frankreich bis 1812; 12.7.1855 General der Kav.; 22.1.1861 gest.

140 Karl Lupold Magnus Wilhelm v. Wedel: Bruder von 138 und 139; 1806 Kornett im Hus.-Regt. von Gettkandt (Nr. 1); 1808 verabschiedet; schließt sich 1809 Carl v. Brünnow an; in Wesel erschossen.

141 Friedrich Wegener: Reit. Feldjäger; 1809 Volontäroffizier bei Schill; Schicksal ungewiß, möglicherweise auf der Flucht nach Rügen ertrunken.

142 Karl Otto v. Werner: 1806 Fähnrich im Inf.-Regt. von Owstien (Nr. 7); schließt sich Schill 1809 an; Volontäroffizier; 1847 als Maj. dem 2. Ul.-Regt. aggr.; 1848 ausgeschieden.

143 Karl v. Winning I: 1806 S. Lt. im Leib-Karabinier-Regt. (Kür.-Regt. Nr. 11); verabschiedet; schließt sich 1809 Schill an; 1837 als Maj. im 2. Drag.-Regt. aggr.; 1846 verabschiedet.

144 Ferdinand v. Winning II: Bruder von 145; 1806 Fähnrich im Inf.-Regt. von Arnim (Nr. 13); shließt sich 1809 Schill an; 1848 Generalmaj. und Kdr. der 12. Landw.-Brig.;

145 Johann Zaremba: schließt sich 1809 in Köthen Schill an; bei Dodendorf gefangen; 1811 aus franz. Gefangenschaft entlassen; 1824 als Intendanturrat abgegangen.

146 v. Zschülch: 1806 S. Lt. im Inf.-Regt. von Puttkammer (Nr. 32); verabschiedet; schließt sich 1809 Schill an; 1842 als Oberstlt. verabschiedet.

Das Freikorps Lützow 1813/1814 sowie die Nachfolge-Regimenter 1815
(vorwiegend nach Hiller von Gaertringen, Jagwitz und Stawitzky)

Kommandeur des Freikorps: Major Adolph v. Lützow

a) Kommandeure der Infanterie

147 Christian Friedrich Engel v. Petersdorff: siehe unter 002.

148 Franz Knod v. Helmenstreit: 1777 in Mainz geb.; früher Kurmainzer Offizier; 1806 P. Lt. im Inf.-Regt. Graf Wartensleben (Nr. 59); 1813 als St. Kapt. bei der Inf. eingetreten, führte bis Ende März die 1. Kompanie, März 1813 bis Januar 1814 Kdr. des I. Batl.s, führt danach die gesamte Inf.; 1815 Übertritt als Maj. in das 25. Inf.-Regt., das er für den erkrankten Petersdorff im Feldzug 1815 führt; 10.9.1838 als Oberst a. D. gest.

b) Führer der Kavallerie

149 Gustav Friedrich v. Bornstädt: siehe unter 061.

150 Joseph Fischer: 1745 in Oberschlesien geb.; Ende des Siebenjährigen Krieges Husar in der preuß. Armee; 1806 S. Lt. im Freikorps des Fürsten v. Pleß; 7.2.1813 im Garnison-Bataillon des 1. Westpreuß. Inf.-Regt.s; 13.2.1813 P. Lt.; 5.3.1813 zur Kav.; 14.8.1813 Stabsrittm. und Eskadronsführer; 30.12.1813 Rittm.;

29.3.1815 dem 6. Ul.-Regt. aggr.; Mai 1820 als Maj. a. D. gest.

c) Adjutanten des Freikorps

151 August v. Obermann: Okt. 1789 in der Mittelmark geb.; 1808 Kornett im Hus.-Regt. von Prittwitz (Nr. 5), dann zum 2. Brandenbg. Hus.-Regt. und 1809 Teilnahme am Schillschen Zug; 1813 S. Lt. und Adj. der Kav. bis Mai 1813; August 1813 Führer der 3. Esk. (Ulanen) bis 1814; 30.12.1813 P. Lt.; bei Ligny schwer verwundet; 27.10.1815 als Stabsrittm. dim.; Oktober 1840 geadelt; 27.8.1846 gest.

152 Theodor Körner: 1791 in Dresden geb.; 19.3.1813 bei den Jägern zu Fuß eingetreten, 1.4.1813 Oberj.; 24.4.1813 S. Lt. (Volontär-Offizier); 26.8.1813 bei Gadebusch gefallen.

153 Karl Friedrich Friesen: 27.9.1785 in Magdeburg geb.;1813 bei der Kav. eingetreten, 16.8.1813 S. Lt.; Sept. 1813 Adj. bei Lützow als Körners Nachfolger; 16.3.1814 im Bois de Huilleux bei La Lobbe in den Ardennen gefallen.

154 Wilhelm Beczwarzowsky: 15.5.1791 in Braunschweig geb.; Februar 1813 bei der Kav. eingetreten; Oberj.; 22.8.1813 S. Lt.; 1814/15 Adj. bei Lützow, auf eigenen Wunsch zur Truppe zurück; 1851 Oberst und 1852 Kdr. der Landgendarmerie und Führer der 3. Gend.-Brig.; 3.4.1854 geadelt; 16.9.1857 gest.

155 Adolf Schlüsser: 1793 in Berlin geb.; Oberj.; 28.1.1813 S. Lt.; 15.3.1814 Adj. bei Lützow; 31.3.1815 zum 25. Inf.-Regt. und Adj. Bei Lützow als Brig. Kdr.; 22.5.1858 Char. als Generallt.; 20.4.1863 gest.;

156 Richard Bernhard Graf v. Bassewitz: 7.5.1793 in Schwerin geb.; 1813 bei der Kav. eingetreten; Oberj.; 3.11.1813 S. Lt.; 1815 Adj. des 6. Ul.-Regt.s; bei Ligny gefallen.

d) Die Offiziere des Freikorps

157 Wilhelm Heinrich Ackermann: 1789 in Sachsen geb.; 1813 Oberj.; 30.11.1814 S. Lt.; 9.101814 dim.

158 Karl Wilhelm v. Arnim: 19.2.1788 in Magdeburg geb.; 29.3.1815 als S. Lt. im 6. Ul.-Regt.; 23.3.1855 gest.

159 Ferdinand v. Aschenbach: März 1775 in Pommern geb.; 1793 Fähnrich im Drag.-Regt. von Kalkreuth (Nr. 12); 1805 P. Lt.; 29.4.1809 dem 2. Brandenbg. Hus.-Regt. aggr.; 1.3.1813 als S. Lt. bei der Kav. angestellt; Ende März 1813 Führer des Reit. Jäger-Detachements; 29.3.1815 als Rittm. zum 9. Hus.-Regt.; 10.6.1827 als Maj. verabschiedet; 12.10.1834 gest.

160 Friedrich Wilhelm Baehr: 1793 in Berlin geb.; 1813 Oberj.; 31.3.1815 als S. Lt. in das 25. Inf.-Regt.

161 Wilhelm Barth: 1790 in Westfalen geb.; Professor; Oberj.; 13.11.1813 S. Lt.; 31.12.1814 dim.

162 G. v. Beguelin: in der Mittelmark geb.; Oberj., dann Volontäroffizier bei der Kav.; später Rittm. im 1. Drag.-Regt.

163 Theodor v. Berenhorst: 1789 in Dessau geb.; 1806 Fähnrich im Inf.-Regt. von Renouard (Nr. 3); 1809 als S. Lt. dim.; 1813 bei der Inf.; 16.9.1813 an der Göhrde gefallen.

164 Georg Friedrich Lebrecht v. Bessel: 31.3.1815 St. Kapt. im 25. Inf.-Regt.

165 Dr. Wilhelm Beuth: 28.2.1781 in Cleve geb.; 1810 Geh. Ober-Steuerrat im Preuß. Finanzministerium; April 1813 als Volontäroffizier bei der Kav. eingetreten; 4.11.1813 S. Lt.; 31.8.1814 Abschied bewilligt; tritt wieder in den Staatsdienst; 1844 Wirkl. Geh. Rat mit dem Prädikat Exzellenz; 27.9.1853 gest.

166 Friedrich Heinrich Bernhard v. Bismarck: siehe unter 056.

167 August Blümcke: 1791 in Anklam geb.; 1813 S. Lt. bei der Kav.; 1814 ausgeschieden; 1.4.1824 gest.

168 August v. Bockum: 17.4.1788 in Zuchen geb.; 1806 Fähnrich im Inf.-Regt. Prinz Ferdinand von Preußen (Nr. 34); August 1813 S. Lt. und Kompanieführer im II. Batl.; 1815 als P. Lt. zum 25. Inf.-Regt. und zum Kapt. befördert; 10.8.1845 als Kdr. des 16. Inf.-Regt.s und Generalmaj. pensioniert; 10.12.1851 gest.

169 Ludwig Bonte: Oberj., 23.11.1813 S. Lt.; 9.1.1814 zum 2. Bergischen Inf.-Regt.; 1.7.1859 gest.

170 Carl Brauer: Oberj.; 27.11.1813 S. Lt.; 1815 zum 25. Inf.-Regt.; 1818 ausgeschieden.

171 August Ernst Braun: 1783 in Köslin geb.; Oberj.; 16.11.1813 S. Lt.; 30.8.1814 dim.; 1856 noch Bürgermeister, Polizeidirektor und Geh. Rat zu Köslin.

172 Heinrich v. Bredow: 1796 in Bredow (Mark) geb.; 1813 Oberj.; 29.3.1815 als S. Lt. dem 25. Inf.-Regt. aggr..

173 Wilhelm Ernst Breithor: 1784 in Grambschütz (Schlesien) geb.; 1813 eingetreten; 31.3.1815 als S. Lt. dem 25. Inf.-Regt. aggr.

174 Alexander v. Buddenbrock: 27.11.1783 in Powarben (Ostpreuß.) geb.; 29.3.1815 als Stabsrittm. zum 6. Ul.-Regt.; 8.3.1856 gest.

175 Adolf Bückling: Okt. 1793 in Mansfeld geb.; 25.2.1813 bei der Kav. eingetreten; Oberj.; Volontäroffizier; 21.12.1813 S. Lt.; 16.8.1814 Abschied; 22.4.1830 als Ober-Berg-Rat gest.

176 August Burow: 1781 in Elbing geb.; diente im 2. Westpreuß. Inf.-Regt.; März 1813 als S. Lt. bei der Inf. eingetreten und im August Führer der 3. Komp. im I. Batl.; März 1815 Übertritt zum 25. Inf.-Regt. als St. Kapt. und Kompanieführer.

177 Andreas Georg v. Burstini: 1770 in Ostpreuß. geb.; 1793 Fähnrich im Drag.-Regt. von Brückner (Nr. 9); 5.3.1813 als Kapt. bei der Kav. aggr.; 7.5.1819 bei Tegel ertrunken.

178 Johann Christian Clausnitzer: 1789 in Leipzig geb.; 1813 eingetreten; 31.3.1815 als S. Lt. zum 25. Inf.-Regt.

179 Franz Cnuppius: siehe unter 066.

180 C. Cnuppius: Freiwilliger; avancierte zum Wachtm.; 16.8.1814 als S. Lt. dim.; 15.4.1832 gest.

181 Johann Ludwig Cnuppius: 1788 in Ziegenort bei Stettin geb.; 1813 Oberj.; 7.11.1813 S. Lt. bei der Inf.; Dez. 1813 Adj. im III. Batl.; 1815 Übertritt zum 25. Inf.-Regt.; 1816 ausgeschieden.

182 Georg Freiherr v. Dalwigk: 1789 in Lüzelwitz (Hessen) geb.; Offizier in hess. Diensten; 11.4.1813 S. Lt. bei der Inf.; August 1813 Kompanieführer im III. Batl.; 3.1.1814 P. Lt.; 28.5.1814 als St. Kapt. dim.; 12.8.1830 gest.

183 Adolf v. Dittmar: 1790 in der Mark geb.; 1806 S. Lt. im Inf.-Regt. von Zenge (Nr. 24); 1.3.1813 bei der Inf. angestellt; Ende März 1813 Kompanieführer im I. Batl.; 2.11.1813 P. Lt.; 31.3.1815 Übertritt zum 25. Inf.-Regt. als Kapt.; 1827 in Griechenland als Maj. gefallen.

184 Heinrich Graf Dohna-Wundlaken: Staatsrat; Volontäroffizier; wiederholt in polit. Missionen verwendet; nach dem Frieden 1814 Abschied; 20.9.1843 gest.

185 Friedrich Wilhelm Düsterdieck: 1794 geb.; 29.3.1815 aus dem 2. Hus.-Regt. der Dt.-Engl. Legion als S. Lt. dem 6. Ul.-Regt. aggr.; bei Gosselies am 15.6.1815 gefallen.

186 Gottlieb Dunkert: 1778 in Berlin geb.; kämpfte bereits unter Schill; 21.11.1813 S. Lt.; 31.3.1815 Übertritt zum 25. Inf.-Regt.; 7.2.1816 gest.

187 Wilhelm v. Eckstein: 1783 in Kopenhagen geb.; Oberj., 2.12.1813 S. Lt., 16.8.1814 dim.

188 Joseph Ennemoser: 15.11.1785 in St. Leonhard (Tirol) geb.; schließt sich 1809 Andreas Hofer an; Sept. 1813 S. Lt.; August 1814 dim.

189 Ludwig Ewald: 1793 in Darmstadt geb.; 1813 Freiwilliger Jäger; 1.12.1813 S. Lt.; 23.4.1814 zum Elb. Nat.-Hus.-Regt.

190 Friedrich Fallenstein: 1791 in Cleve geb.; 1813 Oberj., 26.11.1813 S. Lt.; 2.12.1814 dim.; 5.6.1845 gest.

191 Dr. Carl Friedrich Feuerstein: 1787 in Schroplau bei Halle geb.; zuerst Freiwilliger im Freikorps; Dez. 1813 Bataillonschirurg; 1815 Übertritt als Regimentsarzt zum 25. Inf.-Regt.; 18.7.1848 Abschied; 2.11.1856 gest.

192 Johann Ferdinand Finck: in der Mittelmark geb.; 1813 als Freiwilliger eingetreten; 31.3.1815 als S. Lt. zum 25. Inf.-Regt.

193 August Fischer: Okt. 1785 in Pommern geb.; 1807 im 2. Brandenbg. Hus.-Regt. eingetreten; 1813 bei der Kav. eingetreten; Oberj.;

18.8.1813 S. Lt.; 29.3.1815 Übertritt zum 6. Ul.-Regt.; 4.9.1816 Abschied; März 1852 gest.

194 Friedrich Foerster: Oberj., 25.11.1813 S. Lt.; 1815/16 im 25. Inf.-Regt.; 1817 P. Lt. und Lehrer an der Kriegsschule; 8.11.1868 gest.

195 Ernst Erbmann Traugott Fritze: 7.11.1776 in Oppeln geb.; 10.5.1799 S. Lt. beim Feld-Art.-Korps; 26.2.1813 bei der Schles. Art.-Brig. aggr.; 23.4.1813 P. Lt.; formiert und führt die Art. des Freikorps; 1.6.1814 St. Kapt.; 4.1.1826 als Maj. dim.; 6.12.1841 gest.

196 Johann Gottlieb Ludwig Gärtner: bei der Art. gedient; 1813 Feuerwerker im Freikorps; 26.4.1814 S. Lt. bei der Schles. Art.-Brig.; 1822 als Kapt. dim.; 2.1.1835 gest.

197 Julius von Galen: 1780 geb.; 1799 Kornett im Kür.-Regt. von Heysing (Nr. 8); 1801 S. Lt.; Juli 1813 Rittm. und Führer der 1. Esk. (Ulanen); 16.9.1813 im Gefecht an der Göhrde gefallen.

198 Johann Gottlieb Geiseler: in Brandenburg geb.; 1813 in das Freikorps eingetreten; 31.3.1815 als S. Lt. in das 25. Inf.-Regt.

199 Heinrich Gerber: 1793 in Altenburg geb.; 1813 Freiwilliger Jäger; 15.5.1814 S. Lt.; 28.5.1815 als P. Lt. und Regimentsadj. des 25. Inf.-Regt. bei Nienburg gefallen.

200 Wilhelm v. Groeling: 18.7.1791 in Oberschlesien geb.; 1806 im Hus.-Regt. von Schimmelpfennig (Nr. 4); 1807 im 2. Schles. Hus.-Regt. (Nr. 6); 1811 als S. Lt. dim.; 1813 Volontäroffizier bei der Kav.; 2.11.1813 S. Lt.; 29.3.1815 zum 9. Hus.-Regt.; 1831 Abschied als Rittm.; 31.8.1856 gest.

201 Gottlieb Günther: 1791 in Halle geb.; Sergeant in westf. Dienst.; 1813 in das Freikorps eingetreten; 3.12.1813 S. Lt.; 1815 zum 25. Inf.-Regt.; 1842 mit Char. als Maj. z. D.; 22.6.1852 gest.

202 Carl Gottlieb Heckel: 1785 in Großen (Schlesien) geb.; 1813 in das Freikorps eingetreten; 1813 S. Lt.; 1814 dim.

203 Heinrich v. Heiligenstädt: siehe unter 087.

204 Franz v. Helden-Sarnowsky: in Westfalen geb.; 7.3.1797 Fähnrich im Inf.-Regt. Herzog von Braunschweig (Nr. 21); 18.2.1813 Maj. im Freikorps; 6.3.1813 zum Generalstab; 22.11.1813 gest.

205 Johann Joseph v. Helden-Sarnowsky: 14.9.1778 in Westpreuß. geb.; 9.6.1797 Fähnrich im Inf.-Regt. von Laurens (Nr. 56) eingetreten; 1.3.1813 S. Lt. bei der Kav.; bei Kitzen gefangen; 16.8.1814 Stabsrittm. und Esk.-Chef; 29.3.1815 als Rittm. und Esk.-Chef zum 7. Hus.-Regt.; 4.1.1832 als Oberstlt. verabschiedet; 8.4.1838 gest.

206 Friedrich Hellfritz: 1790 in Iven bei Anklam geb.; 1813 bei der Kav. eingetreten, Oberj., dann S. Lt.; 1815 zum 6. Ul.-Regt; 1820 als P. Lt. dim.; 20.4.1848 gest.

207 Friedrich Wilhelm Gustav v. d. Heyde: 1787 in Mainz geb.; 1802 Fähnrich und 23.12.1805 S. Lt. im Inf.-Regt. von Tschammer (Nr. 27); 11.3.1813 P. Lt. und Führer der 2. Komp. bis Ende März 1813; August 1813 Führer des I. Batl.s; 6.10.1813 zum 4. Ostpreuß. Inf.-Regt.; als Generalmaj. a. D. am 15.9.1854 gest.

208 Joseph Hoffmann: Oberj., 31.8.1813 S. Lt., 1815 zum 25. Inf.-Regt.; 12.12.1815 dim.

209 Friedrich v. Holleben: 17.2.1776 (nach and. Angaben am 31.12.1779) in Bayreuth geb.; 13.12.1797 Fähnrich und 1800 S. Lt. im Inf.-Regt. von Laurens (Nr. 56); 15.8.1813 bei der Kav.; bei Kitzen gefangen; 18.8.1814 als St. Kapt. zum Leib-Inf.-Regt. versetzt; 31.3.1815 Übertritt als Kapt. zum 25. Inf.-Regt.; 13.5.1826 als Maj. verabschiedet; 9.5.1835 gest.

210 August Horn: April 1788 in Westpreuß. geb.; diente in der Schles. Art.-Brig.; 1813 Oberj. bei der Kav.; Volontär-Offizier; 30.12.1813 S. Lt.; 9.3.1815 in das 9. Hus.-Regt. und 31.12.1815 in das 25. Inf.-Regt.; 25.1.1816 dim.; weitere Verwendung im Staatsdienst; um 1845 gest.

211 Alfred v. d. Horst: 24.2.1798 in Oranienburg geb.; früher im 1. Hus.-Regt. der Dt.-Engl. Legion; 29.3.1815 zum 6. Ul.-Regt.; 9.12.1875 gest.

212 Friedrich Wilhem Irgahn: 28.8.1791 in Gransee (Mittelmark) geb.; früher 1812 im

1. Hus.-Regt. der Russ.-Dt. und 1813 im 2. Hus.-Regt. der Dt.-Engl. Legion; 29.3.1815 zum 6. Ul.-Regt.

213 v. Jagemann: früher in öst. Diensten; Dez. 1813 S. Lt. und Kompanieführer im II. Batl.; 31.3.1815 als P. Lt. zum 25. Inf.-Regt.; 28.10.1866 gest.

214 Friedrich Ludwig Jahn („Turnvater Jahn"): 11.8.1778 in Lanz bei Wittenberge geb.; März 1813 Werber des Freikorps; führte als Volontäroffizier in der 2. Kompanie zeitweise das III. Batl.; August 1813 als S. Lt. Kdr. des III. Batl.s; Herbst 1813 Verwendung als Kompanieführer im II. Batl; 1814 der Generalkommission für Bewaffnungsangelegenheiten zu geteilt; 15.10.1852 gest.

215 Franz Friedrich August Jenny: Dez. 1776 in der Uckermark geb.; 1796 in das Hus.-Regt. von Rudorff (Nr. 2) eingetreten; 1813 Oberj. bei der Kav.; Volontäroffizier; 23.11.1813 S. Lt.; 29.3.1815 in das 8. Hus.-Regt. versetzt; Nov. 1815 an seinen bei Belle-Alliance erhaltenen Wunden gest.

216 Friedrich Wilhelm Jeschke: 1786 in Liegnitz geb.; Oberj.; 6.9.1813 S. Lt., Rechnungsführer; 16.8. 1814 dim.; 16.9.1814 gest.

217 Friedrich Julius: Sept. 1785 in Pommern geb.; 1813 bei der Kav.; Oberj.; Volontär-Offizier; 27.12.1813 S. Lt.; 29.3.1815 zum 6. Ul.-Regt.; 5.3.1816 zur Landwehr; 12.10.1819 verabschiedet; später Regisseur am Hoftheaters in Dresden.

218 Heinrich Ludwig Karsten: 1793 in Rostock geb.; Oberj., 17.11.1813 S. Lt.; 16.8.1814 dim.

219 August Hermann Klaatsch: 26.12.1792 in Berlin geb.; 1813 vier Monate Feldw.; 4.9.1813 S. Lt.; 1815 zum 25. Inf.-Regt.; 17.10.1829 als Medizinalrat gest.

220 Klemm: in Jagwitz als S. Lt. der Inf. genannt.

221 Ferdinand Baron v. Kloch: 1791 in Ellguth (Schlesien) geb.; Oberj.; 15.11.1813 S. Lt.; 16.8.1814 dim.

222 Gustav Köhler: 1789 in Schlesien geb.; Oberj.; 10.11.1813 S. Lt.; 22.12.1813 zum 1. Schles. Landw. Inf.-Regt.; 1814 wieder zum Freikorps und dim.; 10.6.1815 Feldprediger bei der Brigade in Glogau.

223 v. Kottwitz: 31.3.1815 als St. Kapt. und Kompanieführer im 25. Inf.-Regt.

224 Ludwig Krokisius: 1794 in Deutsch Krone geb.; 1813 Oberj.; 31.3.1815 als S. Lt. in das 25. Inf.-Regt.

225 Karl Heinrich v. Kropff: Febr. 1768 in der Mittelmark geb.; 1800 Fähnrich und 1805 S. Lt. im Inf.-Regt. von Unruh (Nr. 45); 2.3.1813 bei der Kav.; Ende März 1813 Führer Ul.-Esk.; bei Kitzen gefangen; 28.5.1814 Stabsrittm.; 29.3.1815 Rittm. und Esk.-Chef im 6. Ul.-Regt.; 16.6.1815 bei Ligny gefallen.

226 August Friedrich Krüger: 1780 in Stendal geb.; Oberj.; 16.11.1814 S. Lt.; 2.12.1814 Abschied.

227 Dr. Peter Krukenberg: 14.2.1787 in Königslutter geb.; Mitte Februar 1813 als 1. dirigierender Arzt eingetreten; nach dem 20.5.1814 verabschiedet; April 1815 ordentlicher Professor und Direktor der medizinischen Klinik in Halle.

228 Emanuel Graf Leutrum v. Ertingen: 13.9.1785 geb.; 29.3.1814 als Stabsrittm. im 6. Ul.-Regt.; 8.3.1851 gest.

229 Karl Heinrich v. Loeben: 12.7.1793 in Berlin geb.; 1813 bei der Kav. eingetreten; April 1814 als S. Lt. ausgeschieden; 31.3.1815 in das 25. Inf.-Regt. eingetreten; 1912.1861 gest.

230 Karl v. Loeschbrandt: 1781 in der Mittelmark geb.; 1801 S. Lt. im Hus.-Regt. von Rudorff (Nr. 2); 1813 bei der Kav. eingestellt; 1814 ausgeschieden.

231 Ferdinand Löffler: 1787 geb.; 25.6.1813 bei der Kav. eingetreten; 1816 Wachtm. und Rechnungsführer im 6. Ul.-Regt.; 9.12.1817 Char. als S. Lt.; 26.6.1832 abgegangen

232 Karl Rudolph Eduard Löwe: 1792 in Brieg geb.; erst in hess. Diensten; Oberj. 21.8.1813 S. Lt. im Freikorps; 16.8.1814 dim.; 15.9.1882 gest.

233 Karl Wilhelm v. Lüttwitz: 1788 in Poppschütz (Schlesien) geb.; 1806 S. Lt. im Hus.-Regt. von Gettkandt (Nr. 1); August 1813 Kompanieführer im III. Batl.; 1815 Übertritt als P. Lt. zum 25. Inf.-Regt., bei Ligny schwer verwundet; 1819 als Kapt. mit Wartegeld verabschiedet.

234 Wilhelm v. Lützow: 10.2.1795 in Berlin geb.; jüngster Bruder von Adolph v. Lützow; 1813 bei der Kav. eingetreten; Oberj.; Volontär-Offizier; 20.8.1813 S. Lt., 29.3.1815 Übertritt zum 6. Ul.-Regt.; 19.9.1821 Rittm. beim 2. Garde-Landw.-Regt.; 15.2.1827 gest.

235 Ernst August v. Machnitzky: 1815 Kapt. im 25. Inf.-Regt.

236 Gottfried Marschner: 1781 in Schwedt geb.; 1813 eingetreten; 31.3.1815 S. Lt. im 25. Inf.-Regt.

237 August Albrecht Meckel v. Hembsbach: 4.4.1789 in Halle (Saale) geb.; gehört zu den ersten Freiwilligen des Freikorps; Oberj.; Kompaniechirurg; Bataillonschirurg; 1817 außerordentlicher Professor und Prorektor an der Universität Halle; 1821 ordentlicher Professor in Bern; 19.3.1829 gest;

238 Karl Meyer: 1790 in Ludwigslust geb.; 1813 S. Lt.

239 Carl Mittelbach: 1813 eingetreten; 31.3.1815 als S. Lt. In das 25. Inf.-Regt.

240 Eduard v. Möllendorff: 11.6.1792 in Wudicke (Prov. Sachsen) geb.; 1810 Fähnrich im Brandenbg. Hus.-Regt.; 1813 als S. Lt. bei der Kav.; 24.12.1819 Abschied als Rittm.; 15.4.1823 gest.

241 Heinrich Möring: 31.3.1815 als St. Kapt. dem 25. Inf.-Regt. aggregriert.

242 Ferdinand Müller I: 1788 in Pommern geb.; Oberj. im Garde-Jäger-Bataillon; Ende März 1813 Führer des Jäger-Detachements später des Jäger-Detachements des I. Batl.s; 8.5.1813 S. Lt.; 29.5.1814 P. Lt.; Übertritt zum 25. Inf.-Regt.; 7.6.1816 Kapt. und Kompaniechef; 2.11.1819 gest.

243 Ferdinand Müller II: 1789 in Zehdenick (Mark) geb.; 14.8.1813 S. Lt. bei der Inf.; Dez. 1813 Adj. im I. Batl.; 1815 als P. Lt. im 25. Inf.-Regt.; 1834 Maj. und Kdr. des I. Batl.s im 4. Landw.-Regt.; 26.11.1837 gest.

244 Carl Müller: 1778 in Dresden geb.; Oberj.; 1813 S. Lt.; 1815 zu 25. Inf.-Regt.

245 Carl Müller IV: 1795 in Penzlin (Mecklenburg) geb.; 1813 eingetreten; 1815 als S. Lt. dem 25.Inf.-Regt. aggr., dann ausgeschieden.

246 Christian Müller V: 1792 in Erfurt geb.; 1813 eingetreten; 31.3.1815 als S. Lt. dem 25. Inf.-Regt. aggr.

247 Christian Samuel Gottlieb Ludwig Nagel: 18.4.1787 in Schwerin geb.; Oberj.; 2.9.1813 S. Lt.; 1815 zum 25. Inf.-Regt.; 1817 ausgeschieden; 26.4.1827 gest.

248 Hans Ferdinand Neigebauer: 1784 in Schlesien geb.; Oberj.; 25.8.1813 Kompanieführer im II. Batl.; 25.8.1813 S. Lt.; 31.8.1814 als Kapt. dim.; 1847 Abschied als Maj. der Landw.; 22.3.1866 gest.

249 Neuendorff: in Dessau geb.; aus dem Brandenbg. Hus.-Detachement; 7.9.1814 S. Lt.; 31.3.1815 dem 25. Inf.-Regt. aggr..

250 Ernst Nitze (auch Nizze): 1788 in Ribnitz (Mecklenburg) geb.; Oberj.; 24.11.1813 S. Lt.; 31.8.1814 dim.

251 Eduard Gottlob v. Nostitz und Jänkendorff: 1791 in Dresden geb.; Oberj.; 6.11.1813 S. Lt.; 2.12.1814 dim.; 1858 gest.

252 Ferdinand Nusch: Oberj.; 19.9.1813 S. Lt.; 29.3.1815 zum 6. Ul.-Regt.; 8.8.1816 ausgeschieden; 9.8.1832 gest.

253 Hans v. Oppeln-Bronikowski: 27.12.1783 in Sorquitten (Ostpreuß.) geb.; 1806 S. Lt. im Drag.-Regt. Graf Hertzberg (Nr. 9); 1808 als P. Lt. dim.; 1813 bei der Kav.; bei Kitzen schwer verwundet; 1814 als Stabsrittm. verabschiedet; 3.10.1854 gest.

254 Dr. Ludwig Ordelin: 1791 in Mecklenburg geb.; 18.5.1813 eingetreten; Bataillonsarzt; wechselt im August 1813 zur Kav.; tritt 1815 als Regimentsarzt zum 6. Ul.-Regt. über; 1848 Generalarzt des V. Armee-Korps im Majorsrang; 1858 Geh. Sanitätsrat; 25.6.1860 gest.

255 Otto: keine Angaben, als S. Lt. bei der Inf. genannt.

256 Friedrich Leopold Palm: 6.4.1786 in Neustadt-Eberswalde geb.; Oberj.; 17.8.1813 S. Lt. und Kompanieführer im III. Batl. des Freikorps; 1.6.1814 P. Lt.; 31.3.1815 zum 25. Inf.-Regt.; 1850 Generalmaj.; 1851 Abschied; 9.12.1873 gest.

257 Gustav v. Petersdorff: 11.7.1773 in Großenhagen (Pommern) geb.; 30.7.1789 Fähnrich im Inf.-Regt. von Scholten (Nr. 8); 19.3.1813 als Stabsrittm. bei der Kav.; August 1813 Führer der 2. Esk.; 30.8.1814 Rittm.; 29.3.1815 Esk.-Chef im 6. Ul.-Regt.; Ligny verwundet; 8.8.1816 Abschied als Maj.; 21.6.1825 gest.

258 Claus Erdmann Kilian Pilegaard: Oberj.; August 1813 Kompanieführer im II. Batl.; Mitte August Führer des Depots; 19.9.1813 S. Lt.; 30.8.1814 als P. Lt. dim.; 27.11.1838 gest.

259 Friedrich Preuße I: 1780 in Stargard geb.; März 1813 bei der Inf. eingetreten; Oberj.; Ende März 1813 Kompanieführer der 2. Komp. im I. Batl.; 18.6.1813 S. Lt.; 2.6.1814 P. Lt.; Übertritt zum 25. Inf.-Regt., bei Ligny verwundet; 1816 zum 1. Schles. Inf.-Regt.; 12.4.1818 ausgeschieden; 1840 gest.

260 Otto Preuße II: 1786 in Stargard geb.; jüngerer Bruder von 000; Oberj.; 19.8.1813 S. Lt.; 28.5.1814 dim.; als Justizrat in Frankf./O. gest.

261 Karl Georg Friedrich Graf Ranzow: 1793 Fähnrich und 1794 S. Lt. im Inf.-Regt. von Kunizky (Nr. 44); 8.5.1813 im Freikorps; 2.12.1814 dim.; April 1824 gest.

262 Julius Eduard v. Reiche: 1788 in Braunschweig geb.; 1806 Fähnrich in der Niederschles. Füs.-Brig.; 1807 S. Lt.; 1813 bei der Kav.; übernimmt die 1. Esk. nachdem v. Galen gefallen ist; 29.3.1815 als P. Lt. Übertritt in das 6. Ul.-Regt.; 24.11.1818 gest.

263 Karl Reiche: 1795 in Rundhof (Schleswig) geb.; Feldw.; 31.3.1815 als S. Lt. in das 25. Inf.-Regt.

264 Johann Friedrich Reil: 1789 in Halle geb.; S. Lt. im 1. Ostpreuß. Füs.-Batl.; August 1813 Führer des Jäger-Detachements des III. Batl.s; 1814 als P. Lt. ausgeschieden; als Kapt. und Geh. Oberberg-Rat gest.

265 Christian Rhesa: 1794 in Klinegn (Thüringen) geb.; 1813 Oberj.; 31.3.1815 als S. Lt. in das 25. Inf.-Regt.

266 Wilhelm Johann Gottlieb Ribbeck: 1793 in Markgrafpieske (Mittelmark) geb.; Oberj.; 19.9.1813 S. Lt.; 1815 zum 25. Inf.-Regt.; 1817 ausgeschieden; 27.2.1843 als Landrentmeister in Magdeburg gest.

267 Gottlieb Eugen Christian Ferdinand Richter: 17.3.1789 geb.; Oberj.; 11.6.1813 ad interim Offizier; 1848 Oberstlt.; 1853 Direktor des Großen Militär-Waisenhauses in Potsdam; 21.3.1856 gest.

268 Jakob Riedl: 1791 in Fiegen bei Zell (Tirol) geb.; führt 1809 ein Scharfschützenkorps unter Andreas Hofer; 17.4.1813 Bildung eines Scharfschützenkorps aus Tirolern für das Freikorps; Oberj.; 23.6.1813 S. Lt.; 3.7.1813 P. Lt.; August 1813 Kompanieführer Tirolerkompanie des II. Batl.s; 29.1.1815 mit Auflösung der Kompanie dim.; 8.9.1840 gest.

269 Gustav Ritze: Sept. 1784 in Pommern geb.; 1813 bei der Kav. eingetreten; Oberj.; Volontär-Offizier; 24.11.1813 S. Lt.; 29.3.1815 Übertritt zum 6. Ul.-Regt.; 16.8.1814 Abschied bewilligt.

270 Anton v. Roebe: Oberj.; 4.12.1813 S. Lt.; 9.1.1814 Wechsel zum 2. Bergschen Inf.-Regt.; 31.5.1816 im 2. Ostpreuß. Inf.-Regt.; 14.5.1818 ausgeschieden

271 Ferdinand Rusch: Okt. 1788 in Berlin geb.; 1807 im 2. Brandenbg. Hus.-Regt.; 1812 in russ. Diensten; 1813 bei der Kav. als Oberj.; Volontäroffizier; 19.9.1813 S. Lt.; 29.3.1815 Übertritt zum 6. Ul.-Regt.; 14.10.1829 Abschied als Rittm.; weiter beim Zoll; 9.8.1832 gest.

272 Ferdinand v. Schachtmeyer: 1789 in Preußen geb.; 1802 Fähnrich und 1804 S. Lt. in der 2. Ostpreuß. Füs.-Brig.; 25.2.1813 P. Lt. im Freikorps; andere Verwendungen; 8.3.1867 gest.

273 Karl Schlesecke: 1789 in Neustadt-Eberswalde geb.; Feldw.; 31.3.1815 als S. Lt. zum 25. Inf.-Regt.

274 August Schließ: 1794 in Schlesien geb.; aggr. beim Schles. Ul.-Regt.; 29.3.1815 zum 6. Ul.-Regt.; bei Ligny gefallen.

275 August Schmidt I: in Braunschweig geb.; Oberj.; 18.11.1813 S. Lt.; 29.3.1815 zum 25. Inf.-Regt.; 1843 Oberstlt.; 31.1.1846 gest.

276 Friedrich Schmidt II: 1785 in Magdeburg geb.; Oberj.; 31.3.1815 als S. Lt. zum 25. Inf.-Regt.8.5.1830 als Kapt. pensioniert.

277 Friedrich Peter Schmidt III: in Magdeburg geb.; Oberj.; 31.3.1851 als S. Lt. zum 25. Inf.-Regt.

278 Christian Schneider: Oberj.; 20.11.1813 S. Lt.; 1815 zum 25. Inf.-Regt.; 10.2.1818 gest.

279 Gottlieb Gustav Schnelle: 21.11.1789 in Schwerin geb.; Oberj.; 9.4.1814 S. Lt.; an der schweren Verwundung bei Ligny am 6.7.1815 gest.

280 Friedrich Wilhelm Schoenfeld: in der Mark geb.; 1813 eingetreten; 31.3.1815 als S. Lt. in das 25. Inf.-Regt.

281 Wilhelm Erhard Schönheide: 1796 in Leipzig geb.; Oberj.; 31.3.1815 als S. Lt. in das 25. Inf.-Regt.

282 Ludwig Schoetz (auch Scheetz): 1790 in Berlin geb.; Oberj.; 14.11.1813 S. Lt.; 1815 zum 25. Inf.-Regt.; 25.1.1816 dim.; 22.7.1822 gest.

283 Karl v. Schramm: 23.1.1793 in Breslau geb.; dem 1. Schles. Hus.-Regt. aggr.; 29.3.1815 als S. Lt. zum 6. Ul.-Regt.

284 Wilhelm Gottlieb Schroer: in Gleißen (Mark) geb.; Freiw. Jäger, 27.8.1813 S. Lt.; 8.4.1814 dim.

285 Karl Schulz: in Breslau geb.; Oberj.; 31.3.1815 als S. Lt. dem 25. Inf.-Regt. aggr.

286 Johann Friedrich Schumann: 1785 in der Mark geb.; Freiw. Jäger, 3.9.1813 S. Lt.; 1815 zum 25. Inf.-Regt.; 20.8.1816 aus dem akt. Dienst geschieden.

287 Christian Gottlieb Settmann: in Sachsen geb.; Oberj.; 23.11.1813 S. Lt.; 12.5.1814 dim.; 4.7.1873 gest.

288 Hans Gottlieb Korczibock v. Seydelitz (Kurzbach): in der Mark geb.; 4.3.1799 Fähnrich und 1802 S. Lt. im Inf.-Regt. von Winning (Nr. 25); 17.3.1813 P. Lt. bei der Inf.; August 1813 Kdr. des II. Batl.s; 3.11.1813 St. Kapt.; 28.5.1814 Kapt.; 31.3.1815 Maj. im 25. Inf.-Regt.; 1.9.1815 pensioniert.

289 Friedrich August Siebdrath: früher in öst. Diensten; Oberj.; 30.8.1813 s. Lt.; 26.8.1819 gest.

290 Karl Soergel (auch Seergel): in Ilmenau geb.; 1813 eingetreten; 31.3.1815 als P. Lt. in das 25. Inf.-Regt.

291 Wilhelm Sonnenberg: 26.9.1792 in Moeser b. Brandenburg a. d. H. geb.; vorher dem 1. Schles. Hus.-Regt. aggr.; 29.3.1815 als S. Lt. zum 6. Ul-Regt.

292 Christian Staack: Tambour am Ende des Siebenjährigen Krieges; 1806 Feldw. im Inf.-Regt. von Borcke (Nr. 30); 1806/07 bei der Inf. des Schillschen Korps; 27.4.1807 S. Lt. im Grenadier-Bataillon von Waldenfels; Ende März 1813 Kompanieführer des Freikorps; 14.8.1813 P. Lt.; Okt. 1813 Führer des I. Batl.s; 4.11.1813 St. Kapt.; 29.5.1814 Kapt.; Übertritt zum 25. Inf.-Regt.; 10.9.1817 gest.

293 Karl Gottlieb Starck: in Schlesien geb.; Oberj.; 1813 S. Lt. und Adj. des Majors v. Petersdorff; P. Lt. a. D. und Geh. exp. Sekretär im preuß. Kriegsministerium.

294 Friedrich Wilhelm Stargardt: 1790 in Küstrin geb.; Oberj.; 28.8.1813 S. Lt.; 31.3.1815 zum 25. Inf.-Regt.; 1846 Oberstlt.; 5.5.1853 gest.

295 Adolph Stober (auch Steber): 1793 in Erfurt geb.; 1813 eingetreten; 31.3.1815 als S. Lt. dem 25. Inf.-Regt. aggr.

296 Ernst Leonhard v. Stosch: in Berlin geb.; 26.8.1813 S. Lt.; bei Zarrentin verwundet; 8.4.1814 Anzeige seines an Nervenfieber erfolgten Todes.

297 Ludwig v. Strantz: siehe unter 132.

298 Ernst Süvern: 1792 in Lemgo geb.; Oberj.; 1813 S. Lt.; Dez. 1813 Adj. im II. Batl.; 1816 im 25. Inf.-Regt. dim.; 9.10.1841 als Oberregierungsrat gest.

299 Albrecht Thaer (auch Theer): 1795 in Celle geb.; 31.3.1815 als S. Lt. dem 25. Inf.-Regt. aggr.

300 Alfred v. Thümmel: 17.7.1793 in Altenburg geb.; Oberj.; 31.5.1814 S. Lt.; 9.10.1814 dim.; 2.4.1828 gest.

301 Heinrich Tornow: 1792 in Schwerin geb.; 8.11.1813 S. Lt.; 16.8.1814 dim.; 18.9.1822 gest.

302 Friedrich Wilhelm v. Tyszka: 18.8.1787 in Weischuwen (Ostpreuß.) geb.; 4.12.1807 S. Lt.; war im Schles. Ul.-Regt.; 29.3.1829 zum 6. Ul-Regt.

303 Friedrich Ullrich: in Schlesien geb.; war im Garde-Jäger-Batl.; 8.9.1814 S. Lt.; 31.3.1815 zum 25. Inf.-Regt.; 1848 Abchied als Oberstlt.; 2.6.1856 gest.

304 Carl Uterhardt: 1792 in Friedland (Mecklenburg) geb.; Oberj.; 29.11.1813 S. Lt.; 24.5.1814 dim.

305 Ludwig Heinrich v. Valentini: 6.3.1790 in der Mittelmark geb.; 1807 Fähnrich in der Magdeburger Füs.-Brig.; 18.1.1808 als S. Lt. dim.; 1813 Volontär-Offizier bei der Kav. des Freikorps; 14.8.1813 als S. Lt. angestellt; Oktober 1813 Ekadronsführer; 31.12.1813 P. Lt.; 2.12.1814 Abschied als Stabsrittm.; 5.7.1832 gest.

306 August Baron v. Vietinghoff gen. Scheel: 1806 S. Lt. im Inf.-Regt. von Zweifel (Nr. 45); 1813 in der Inf. angestellt, P. Lt. und Kompanieführer; Herbst 1813 Kdr. des III. Batl.s; Übertritt zum 25. Inf.-Regt.; bei Ligny schwer verwundet; 1847 als Oberstlt. a. D. gest.

307 Friedrich Wilhelm Völkard: 1788 in Berlin geb.; Oberj.; 20.8.1813 S. Lt.; Rechnungsführer; 16.8.1814 dim.

308 Rudolf v. Warnsdorff: 1779 in Diersdorff (Lausitz) geb.; früher Offizier in sächs. Diensten; 2.11.1813 S. Lt.; 1815 zum 25. Inf.-Regt.; 1843 mit Char. als Maj. verabschiedet; 23.4.1855 gest.

309 Ferdinand Weber: 1786 in Berlin geb.; Oberj.; 9.11.1813 S. Lt.; 16.11.1814 dim.

310 Hermann Gustav Christian Wentzel (auch Wenzel): in Sebnitz (Sachsen) geb.; März 1813 bei der Inf. eingetreten; Oberj., Feldw., 7.9.1813 s. Lt.; Febr. 1814 zum 1. Berg. Inf.-Regt. versetzt; 27.9.1847 Oberst.

311 Friedrich Wilhelm Westphal: 1790 geb.; Oberj.; 31.12.1813 S. Lt.

312 Heinrich Wetzel: Okt. 1791 in der Mittelmark geb.; 1813 bei der Kav. eingetreten; Oberj.; 21.8.1813 S. Lt.; 9.10.1814 Abschied bewilligt; 1820 wegen Invalität Abschied bewilligt.

313 Wilhelm Wohlermann: 1793 in Berlin geb.; 1813 eingetreten; 31.3.1815 als S. Lt. zum 25. Inf.-Regt.

314 v. Wolfersdorff: als Kapt. dem Freikorps aggr.; 31.3.1815 zum 28. Inf.-Regt. versetzt.

315 Wilhelm Woltersdorff: 1792 in Salzwedel (Altmark) geb.; Oberj.; 31.3.1815 als S. Lt. zum 25. Inf.-Regt.

315 Christian Ludwig Enoch Zander: 1791 in Alt Schwerin geb.; Freiw. Jäger; Oberj; S. Lt.; 1845 als Schuldirektor in Ratzeburg genannt; 1872 gest.

316 Ferdinand Zenker: Dez. 1792 in der Mittelmark geb.; 1813 bei der Kav. eingetreten; Wachtm.; 30.3.1814 S. Lt.;

Bildnachweis:

Harald Albrecht: S. 93 unten, S. 122.
Manfred Gerth: S. 30.
Erna Keubke: S. 24, 42.
Museum Festung Dömitz: S. 74
Stadtarchiv der Stadt Wesel: S. 116 (Fotograf Ronald Mußler)
Alle anderen Illustrationen aus zeitgenössischen Werken und bei den Autoren.

LITERATURVERZEICHNIS

- Bärsch, Georg, Ferdinand von Schill's Zug und Tod im Jahre 1809, Leipzig 1860.
- Bauer, Frank, Horrido Lützow! Geschichte und Tradition des Lützower Freikorps, München 2000.
- Ders., Göhrde 16. September 1813, in: Kleine Reihe Geschichte der Befreiungskriege 1813-1815, Heft 23, Potsdam 2008.
- Ders., Kitzen 17. Juni 1813, in: Kleine Reihe ..., Heft 23, Potsdam 2006.
- Ders., Kolberg 13. März - 2. Juli 1807, in: Kleine Reihe ..., Heft 23, Potsdam 2007.
- Binder von Krieglstein, Frhr., Ferdinand von Schill. Ein Lebensbild; zugleich ein Beitrag zur Geschichte der preußischen Armee, Berlin 1902.
- Bock, Helmut, Ferdinand v. Schill, Berlin 1998.
- Heinrich Bothe/Carl von Klatte, Geschichte des Thüringischen Ulanen-Regiments Nr. 6, Berlin 1890.
- Hartmut Brun, Theodor Körner und der Krieg an der Niederelbe, o.O., o.J. (1993).
- Brecher, Adolf; Napoleon I. und der Überfall des Lützowschen Freikorps bei Kitzen am 17. Juni 1813, Berlin 1897.
- Francke, Heinrich, Mecklenburgs Noth und Kampf vor und in dem Befreiungskriege, Wismar 1835.
- Friederich, Rudolf, Die Befreiungskriege 1813 - 1815, 4 Bände, Berlin 1913.
- Geschichte der königlich Preußischen Fahnen und Standarten seit dem Jahre 1807. Bearbeitet vom Königlichen Kriegsministerium, 2 Bände, Berlin 1889.
- Gieraths, Günther, Handelte Schill auf eigene Faust? In: Zeitschrift für Heeres- und Uniformkunde, Nr. 165 und 166/1959, S. 81 ff. bzw. S. 101 ff.
- Gummel, Otto, Festschrift zur Schill-Ausstellung in Stralsund, enthalten Schills Zug nach Stralsund, seinen Aufenthalt und Heldentod daselbst sowie den Verbleib seines Hauptes. Zur Ehrenrettung Schills verfaßt, Stralsund o.J.
- Haken, J. C. L., Ferdinand von Schill. Eine Lebensbeschreibung nach Originalpapieren, Leipzig 1824.
- Handbuch für Heer und Flotte, hrsg. von Alten, G. v., Band 1-6, 9, Berlin 1909-1913.
- Das preußische Heer der Befreiungskriege, 3 Bände, Berlin 1912 ff.
- Heitzer, Heinz, Insurrectionen zwischen Weser und Elbe. Volksbewegungen gegen die französische Fremdherrschaft im Königreich Westfalen (1806-1813), Berlin 1959.
- Helmert, Heinz/Usczeck, Hansjürgen, Europäische Befreiungskriege 1808 bis 1814/15. Militärischer Verlauf, Berlin 1986.
- Hiller von Gaertringen, Hermann Freiherr, Stammliste der Offiziere und Fähnriche, der Reserveoffiziere, der Veterinäroffiziere und der Zahlmeister des Thüringischen Ulanen-Regiments Nr. 6 von 1813 bis 1919, Berlin 1929.
- Jagwitz, Fritz von, Geschichte des Lützowschen Freikorps, Berlin 1892.
- Karstädt, Otto, Helden-Mädchen und Frauen aus großer Zeit (1813), Hamburg 1913.
- Klaje, Hermann, Schill, Stettin 1940.
- Kolbe, Paul, Schill und Lützow. Zwei wackere Männer aus schwerer Zeit, Leipzig 1908.
- Kolberg 1806/07, in: Urkundliche Beiträge und Forschungen zur Geschichte des Preußischen Heeres. Herausgegeben vom Großen Generalstabe, Kriegsgeschichtliche Abteilung II., Berlin 1911
- Lange, Fritz (hrsg.), Die Lützower. Erinnerungen, Berichte, Dokumente, Berlin 1953.
- Lützowsches Familienblatt; Herausgegeben vom Familienverband der Freiherren und Herren v. Lützow; Jahrgänge 1922-1934.
- Noel, Major z.D., Die deutschen Heldinnen in den Kriegsjahren 1807-1815, Berlin 1912.
- Priesdorff, Kurt von, Soldatisches Führertum, Band 5, Hamburg 1936, S. 84 - 89.
- Pusch, Emil; Friedrich Friesen Ein Lebensbild, Berlin 1938.
- Richard, Felix, Das Schicksal der 11 Schill'schen Offiziere. Ein Gedenkbuch, Wesel 1964.
- Riemer, Robert, Der Anfang der Befreiung? Ferdinand von Schill in Mecklenburg und Pommern, in: Das Ende des Alten Reiches im Ostseeraum. Wahrnehmungen und Transformationen. Hg. v. M. North und R.Riemer, Köln, Weimar, Wien 2008, S. 306-327.

- Scharnweber, Jürgen, Festung Dömitz im 1000jährigem Mecklenburg. Eine illustrierte Chronik, Lüchow 1995.
- Schlüsser, Adolf, Geschichte des Lützowschen Freikorps Ein Beitrag zur Kriegsgeschichte der Jahre 1813 und 1814, o. O., 1826.
- Stawitzky, Ludwig, Geschichte des Königlich Preußischen 25sten Infanterie-Regiments und seines Stammes, der Infanterie des von Lützow'schen Frei-Corps, o. O., 1857.
- Walczok, Carsten M., Das Gefecht bei Lauenburg im August 1813: Der verzögerte Durchbruch der Franzosen bei Lauenburg und der preußische Sieg von Groß Beeren, ein Zusammenhang? Lauenburg/Elbe 2008.
- Wörterbuch zur deutschen Militärgeschichte, 2 Bände, Berlin 1987.
- Zander, Christian Ludwig Enoch, Geschichte des Krieges an der Nieder-Elbe im Jahre 1813, Lüneburg 1839.
- Zimmermann, Otto, Ferdinand von Schill. Ein Heldenleben, Leipzig 1908.

Aus der Reihe „Schriften zur Geschichte Mecklenburgs" sind u.a. noch zu erhalten:

Band 6: Helmuth von Moltke
(eine der aussagekräftigsten Biographien des Feldmarschall aus Mecklenburg), Schwerin 2000, 96 S., 8 Farbtafeln und 41 Abb. im Text.
EUR 15,24

Band 14: Soldaten aus Mecklenburg. Lebensbilder von 1701 - 1871
(über 30 Biographien, u.a. Feldmarschall von Blücher), Schwerin 2004, 90 S., 8 Farbtafeln und 40 Abb. im Text.
EUR 15,-

Band 15: Das Mecklenburger Militär und seine Uniformen 1701 - 1918
Schwerin 2005, 168 S. (Schwerpunkt Befreiungskriege), 48 Farbtafeln (Uniformen, Effekten, Fahnen) und 54 Abb. im Text.
EUR 25,-

Bestellungen an:
Dr. Klaus-Ulrich Keubke, Zum Schulacker 179, 19061 Schwerin
Tel.: 0385/61 32 66, Fax: 0385/61 32 65, e-post: keubke@t-online.de
Neuheiten unter: www.aph-schwerin.de